ビーズとスパンコールの刺繍

きれいに刺すためのテクニックノート

BLUE chou MIKKO　藤井 美保

主婦と生活社

ビーズとスパンコールの刺繍

きれいに刺すためのテクニックノート

BLUE chou MIKKO　藤井 美保

はじめに

ずいぶん前のことです。銀座のデパートで、ビーズのブレスレットに出会いました。全体が小さな黒いビーズでおおわれていて、青いビーズで作られた「小さな花」とシルバーのビーズが散らしてあります。私は、照明を当てられてキラキラ輝くそのブレスレットにくぎ付けになり、衝動買いするには勇気のいるものでしたが、さんざん迷ったあげくに買ってしまいました。しばらくのあいだ腕に通してみたり飾って眺めたりしていましたが、モノづくり人の性でしょうか……自分で作ってみたいと思うようになりました。

ビーズ刺繍を学び始めてわかったのは、このブレスレットの「小さな花」は初心者でも作ることのできる、とても簡単な刺繍だということでした。難しい技法を知らないと素敵なものができないというわけではない。私のデザインにシンプルで簡単なモチーフが多いのは、これが原点だからなのです。

シンプルなモチーフは、並べ方によってさまざまなデザインを作ることができます。色や材料を変えることで印象も大きく変わります。この本にはデザインのヒントと応用のアイデアや基本的なビーズ刺繍のテクニックのほか、リネンを扱う時の洋裁の基本も載せてありますので小さな袋物なども作ってみてください。ミシンでも手縫いでもOKです!

ビーズ刺繍が初めての方は最初から上手を目指さず、まずトライしてみましょう。作ってみるとわかることも多いはずです。ひとつできたら色違いを作ってみると腕が上がります。

この本が手芸好きの方のビーズ刺繍の手引きとなり、手元に置いてくださるとうれしいです。愉しい刺繍の時が過ごせますように。

藤井 美保

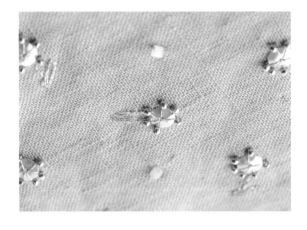

CONTENTS

小さなモチーフを並べて ─────── Small patterns

小さなモチーフを規則的に並べることで、シンプルで素敵なパターンが作れます。
整列した美しさを大切にしたいので、ていねいに図案を写し、急がず繊細に縫い進めましょう。

パターン 1 How to make P57

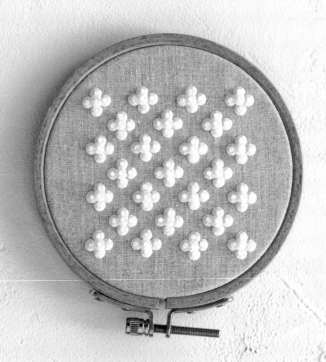

作りやすい花冠 ——————— For the first

ビーズを思い通りの場所に縫いつけるには少し練習が必要です。
最初はモチーフ同士が離れているデザインからスタートしてみましょう。
小さなお花のモチーフが楽しいパターンです。

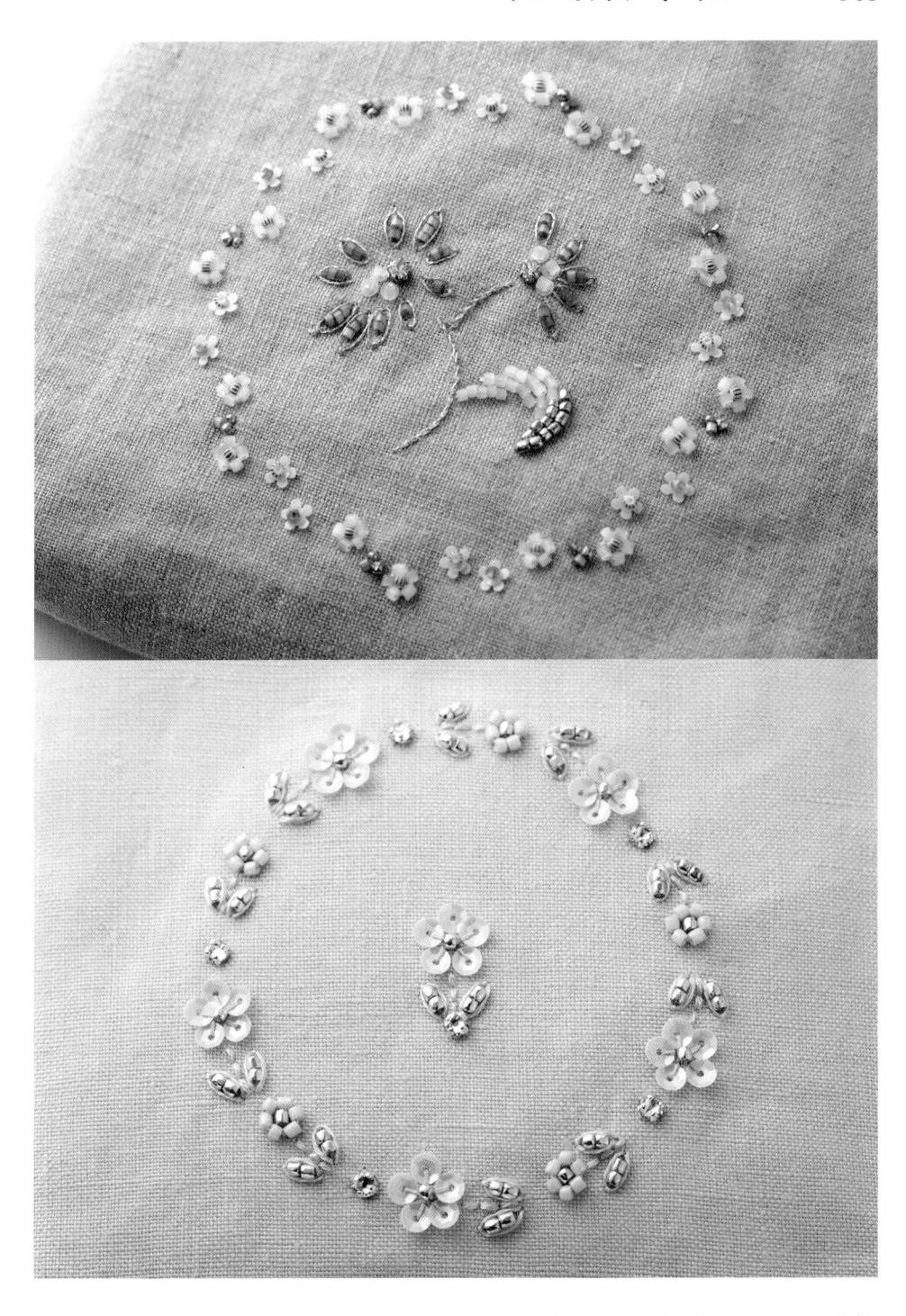

ワンポイントモチーフをブローチに ─────── One-point motifs

チェリー、ベリー　How to make P64 - 65

ぷっくりとした丸みを刺繍で表現してみました。
チェリーはスパンコールの丸みを使って。ベリーはビーズの下に刺繍で詰め物をしています。

ケシの花、クラウン　How to make P66-67

同じモチーフでも、ビーズとスパンコールを変えるだけで違う表情になります。
パールとラインストーンの組み合わせも工夫してみましょう。

光る糸とビーズの刺繍 ——— Metallic threads

ビーズやスパンコールとシルバーに輝く糸は、お互いを引き立てます。
"ディアマント"は硬質で金属的な感じが素敵な糸です。
お気に入りの糸の仲間に入れてください。

タンポポ　How to make　P68

ミュゲ　How to make P69

綿毛　How to make P70

15

紋章／エンブレム ———— Emblem

ファッションの歴史からはずすことができないエンブレム、
一度は作ってみたいモチーフです。
百合の紋章「エンブレム」は、ビーズで埋め尽くして描きます。
薔薇の紋章「クレスト」は、竹ビーズのラインを美しく刺しましょう。

エンブレム How to make P50

クレスト　How to make P56

アルファベット：重ねるテクニック ————— Alphabet

人気のアルファベットモチーフ。〝M〟はビーズとビーズを重ねるテクニック。
〝R〟は文字のラインにスパンコール2枚とビーズを重ね、陰影をつけました。

ブラックレター〝M〟 How to make P71

フラワーチェーン "R" How to make P.72

カモミール　シルバー　How to make P74

同じモチーフの色違い ────── **From one motif**

同じカモミールのモチーフの色と並べ方をアレンジすると、イメージが変わります。
ピンクは連続柄でカバークロスに、シルバーはソーイングセットに。

21

フェルトで作るアクセサリー ——— Felt accessories

仕立てが簡単なハードフェルトを使って作りました。
オーナメントはツリーに下げても、ブローチにしても素敵です。
楽しい冬をイメージして作りましょう。

雪の結晶 How to make P78

プレゼントボックス、キャンディケーン、キャンドル、ジンジャーブレッドマン How to make P76-77

マフラーに刺繍 ─────── On the scarf

ウールなど柔らかく少し厚みのある素材に
ビーズ刺繍をするには……。
市販のマフラーに刺繍をする方法をご紹介します。

小花刺繍のマフラー　How to make P52

7つのサンプラー ——————— Seven samplers

刺繍のテクニック見本、サンプラー7種類を木のモチーフにのせました。
材料の色を変える、モチーフを変える、ブローチに仕立てる。
いろいろな使い方を考えるのが楽しい時間です。

ホワイトツリー　How to make P54

COLUMN

2018年個展作品

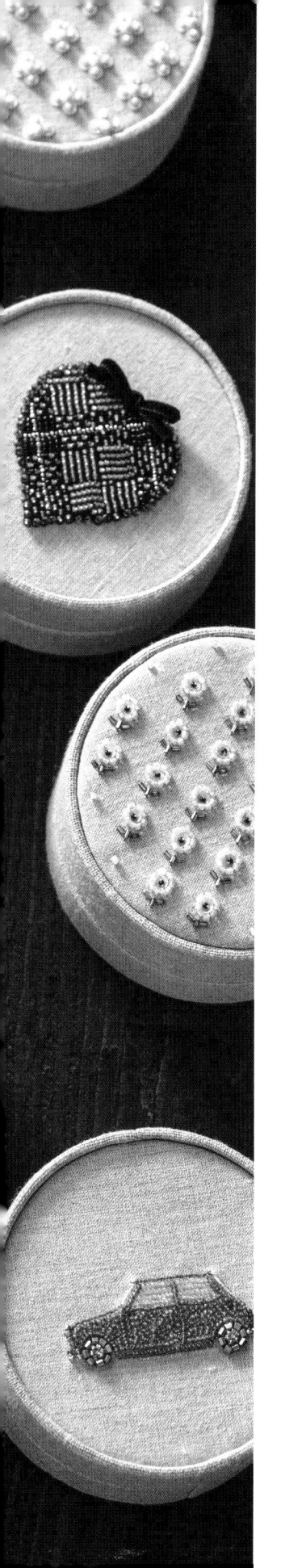

私の作品づくり

いつも何かを作る時のためにアイデアやデザインをストックしています。直感的に「こんなものを作りたい！」と閃く時もありますが、私の場合はモチーフからアイデアが生まれ、そこからイメージを膨らませることが多いような気がします。モチーフの多くはヨーロッパの古い建物の装飾の一部や、アンティークの食器の模様、大好きな紋章の本からインスピレーションをもらうこともあります。そして、身近に咲く花からも。

デザインが決まれば、材料と作り方を考えます。子どものものであれば丈夫に作る必要がありますし、自分で使う財布なら違う意味での強度が必要です。

刺繍をする時に考えたいのは、自然にあるモチーフとそうでないものとの違いです。花など自然のモチーフは、ほとんど左右対称ではありません。花びらは一枚一枚違うのが自然で美しいのです。一方、人間が作り出したもの、例えば定規で描く線や金属でできているモチーフは、歪んでいると人の目は気持ちが悪いと感じてしまいます。刺繍をする時は、このような感覚的なことを大切にしたいと思っています。

刺繍は刺し直すか迷った時に「このくらいならいいや……」と進めてしまうと、自分はいつまでもこのことを覚えていて、完成した時に気持ちの悪さが残ります。この気持ちの悪さが嫌なので、いつもていねいに作り、違ったら刺し直します。

同じ場所を何度も刺し直すことがあります。刺し方で悩む、うまく刺せない、色が気に入らない、ビーズの形が気に入らない、サイズが気に入らない……。材料ではなくデザイン（線）が気に入らず、画を描き直して1日を棒に振ることもあります。布の色が違うのではと、最初から作り直すこともあります。では、これが大変だから嫌なのかといえばそうではなく、いちばん楽しい時なのです。完成した時のうれしさは、悩んだ時間に比例するような気がします。無我夢中になって集中できるのは何よりも贅沢なこと、この幸せな時に感謝です。

ビーズ刺繍のこと

ビーズやスパンコールを布に縫いとめることを、一般的にビーズ刺繍といいます。ガラス、プラスチック、金属のパーツなど、硬い素材を糸でとめつける時、初めての方はわからないことも多く、難しく感じるかもしれません。ビーズやスパンコールはさまざまな加工が施されていて、熱や水分、摩擦に弱いものが多いため、作品の仕立て方、洗濯の有無、使う場所や頻度などを考えて作る必要があります。ここではリネンに刺繍することを中心に、必要な道具や布の準備、基礎的な刺繍の方法、注意点をご紹介します。

MATERIALS & TECHNIQUE

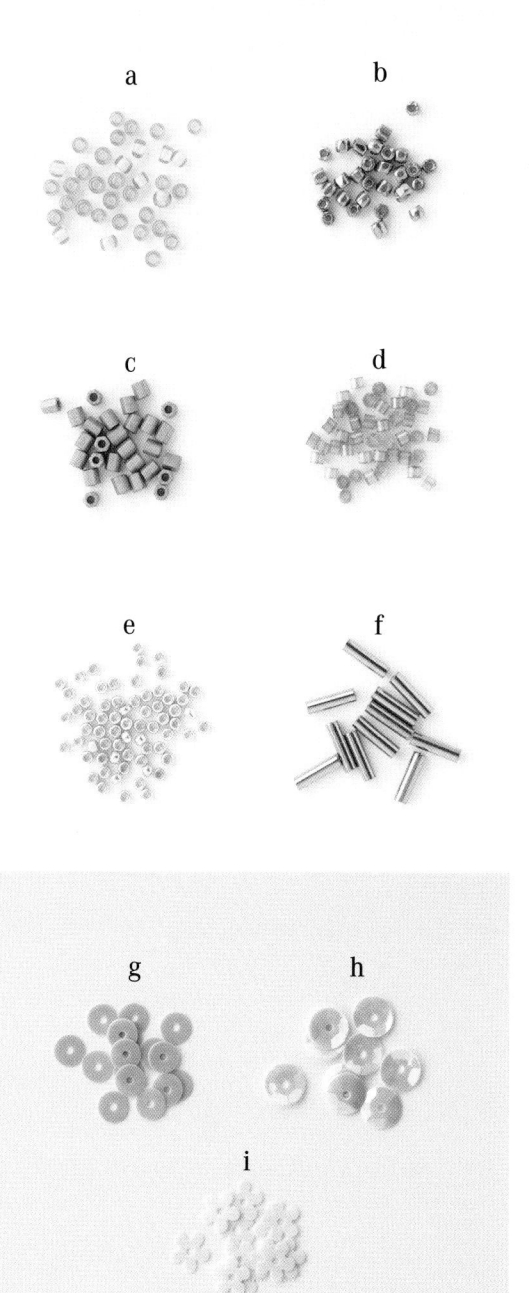

刺繍パーツ

ビーズ

a 丸ビーズ
よく使われるビーズで色、柄、表面の加工や着色などのバリエーションが豊富。直径2mmが丸小(11/0)、直径1.5mmが特小(15/0)。

b 3カットビーズ
ランダムにカットが入っている輝きがきれいなビーズ。

c 六角ビーズ
ビーズの断面が六角形。

d デリカビーズ
円柱形で、幅と長さがほぼ同じサイズ。

e シャーロットビーズ
1カ所カットが入っている。刺繍した時にところどころカット面が出て控えめに輝く。

f 竹ビーズ
太さは1.3～1.7mm。長さ6mmを二分竹、3mmを一分竹という。

スパンコール

g スパンコール 平
表と裏があり、穴の周りに「バリ」がなくスムースな方が表、「バリ」が出ている方が裏。

h スパンコール 亀甲
中央がくぼんでいる形。名前の通り亀甲のように筋が目立つものと、お皿のようにくぼんでいるタイプがある。この本では作品によって凹凸両面を上にして使用。

i スパンコール 変形
この本では「花型」を使用。

そのほかのパーツ

j 縫いつけ用ラインストーン
土台石座の四方向に縫いつけ用の穴があいている。

k パール
中央に穴が通っている。

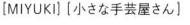

[MIYUKI] [小さな手芸屋さん]

布

リネン　[the linen bird]

リネンとは：

麻布には、リネン（亜麻）、ラミーがあります。そのほかに資材として使われているヘンプ（大麻）、ジュートなど。この本ではカーテンやシーツを作るための中薄地のしっかりとしたインテリア用のリネンを使っています。

手芸屋さんで目にするリネンの多くは服地用です。繊維の打ち込み本数が少なくソフトに織られているものが多く、買い求める時はできるだけ目の詰まっているものを選び、芯を貼る（P35）など工夫します。

ビーズ刺繍の部分には、刺繍のあとでアイロンをかけることができません。刺繍の前に布を整えておくことが大切です。

縮地と、地の目を整えること：

リネンは水に濡れると一旦膨らみ、乾く時に5～10％縮みます。刺繍のあとで縮むと作品が台無しになりますので、縮地をしてから使います。

1時間ほど水かぬるま湯に浸してから干し、生乾きのうちにアイロンをかけながら布目の縦・横をまっすぐにし、地の目を整えます。これを縮地といいます。水に浸す時も干す時も、できるだけしわをつけないようていねいに扱います。脱水機などで絞らず、大きなタオルにはさんで水分をとります。この段階でついてしまったしわはアイロンをかけてもとることが難しいのです。

竿にかけ自然乾燥すると、布が縮む時にしわが全体に残りますが、ナチュラルな味が出ます。竿にタオルをかけてからリネンをかけると、乾いた時に竿の線が出にくくなります。

乾ききってしまうと地の目を整えることができませんので、濡れているうちに手でていねいに地の目を整えます。整えた布は折りたたまず、汚れのない紙管などに巻きつけておきます。

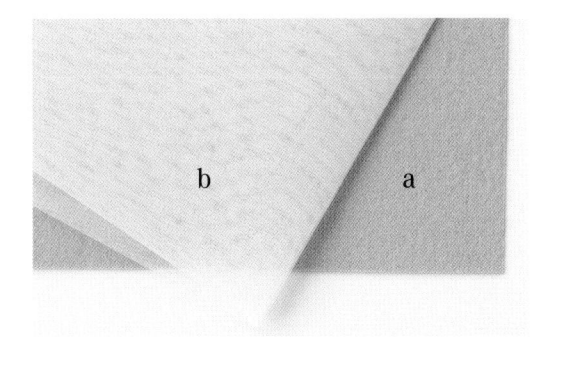

そのほかの布

a　ハードフェルト　[SUNFELT]

適度な硬さがあるので、ブローチなどの小物づくりに使いやすい。

b　オーガンジー

この本ではシルクオーガンジーを使用。ポリエステル製もあり、色数が豊富。

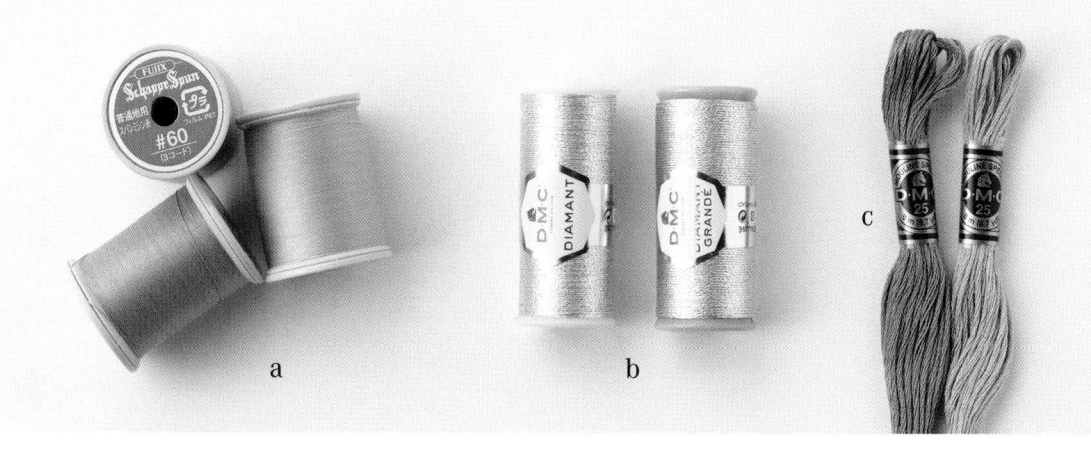

糸

a シャッペスパン#60 [FUJIX]

ビーズ刺繍で使う糸に決まりはなく、丈夫さ、デザインなどを考えて決める。この本では色数が豊富で丈夫なポリエステルの糸を使用。色は材料と同色が基本。

ビーズを刺すときは60cm前後で切り、2本どりに。スパンコールは1本どりと2本どりを使い分ける。糸は短めを心がけて。

b ディアマント [DMC]

金属的に輝くラメ糸。細い糸3本撚りの「ディアマント」、6本撚りの「ディアマントグランデ」がある。使い方はP44参照。

c 25番刺繍糸 [DMC]

フランス刺繍、糸刺繍の定番糸。6本を引きそろえてある。

ビーズを刺す糸として使う場合は、引き抜いた糸1本を縫い針に通し、輪にして2本どりにする（写真参照）。針は刺繍針だと頭部分がビーズに通らないケースがほとんどのため、ビーズを刺す時は使わない。

針 ※針は各作品の道具欄には記載していません

d 縫い針 四ノ三 [Clover]
　（太さ0.56×長さ39.4mm）

この本で主に使用している針。使いやすく買い求めやすい縫い針。メリケン針長9号も同じ太さ。

e ビーズ刺繍針

特小ビーズ（15/0）に使用。大きなビーズでも、穴に2回針を通す時に使うことがある。

f 刺繍針 [Clover]
№7：25番刺繍糸2本どり程度。
№3：ディアマントに使用。

上記は目安で決まりはなく、使いやすい長さの針で大丈夫。針の太さは、糸を通した針がビーズに通るかで判断する。ヴィンテージビーズなど穴のサイズが不ぞろいなものは試してから使う。

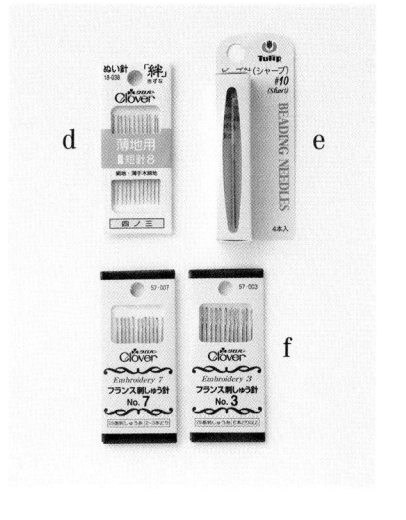

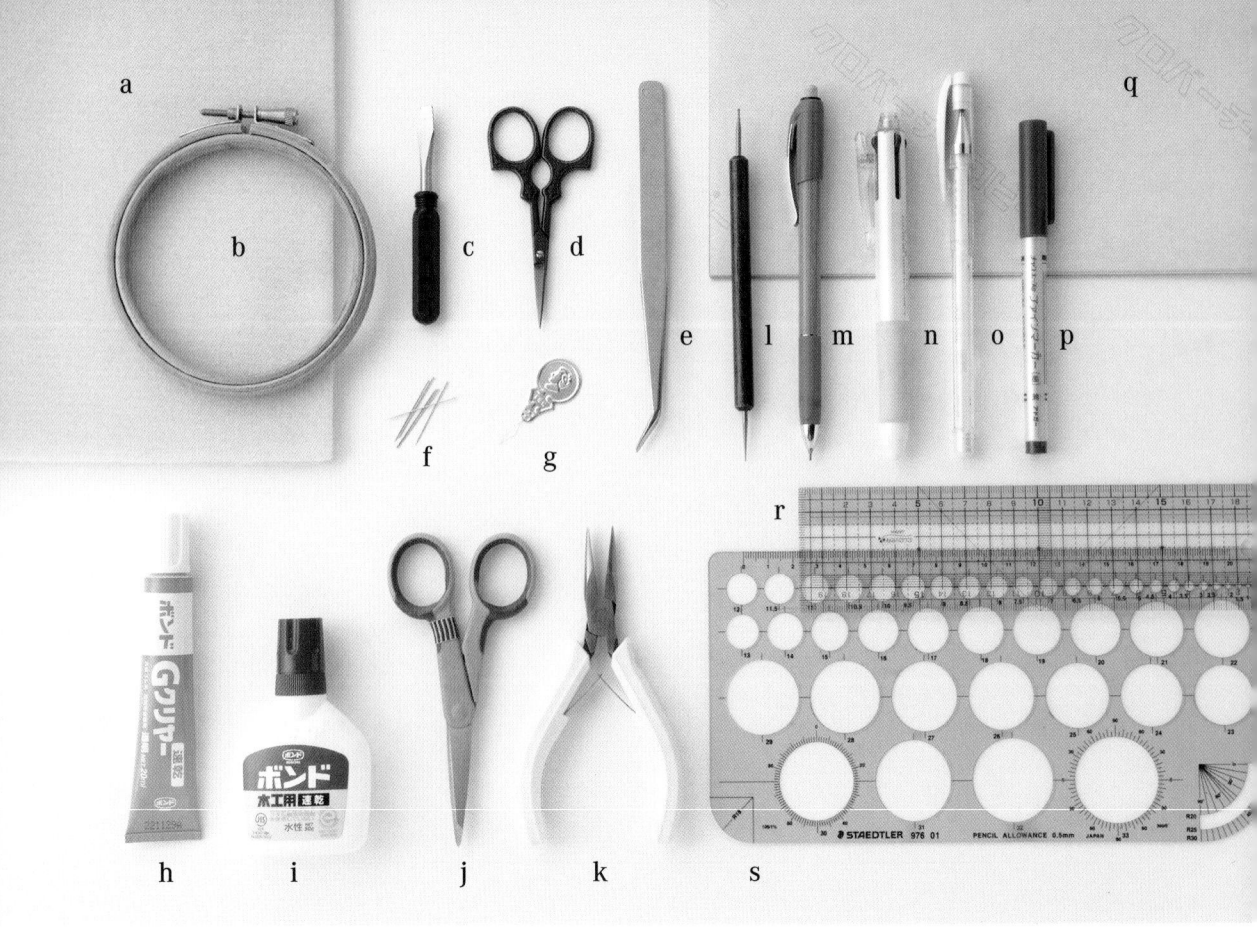

そのほかの道具

a　ビーズマット
A4くらいの大きさ。刺繍枠を使わない時は必須(P35)。

b　刺繍枠(P35)

c　ドライバー
刺繍枠のネジを締めるのに使用。刺繍枠に布をしっかりと張ることができる。

d　糸切りバサミ

e　ピンセット

f　ドレスピン

g　糸通し
ビーズ刺繍針を使う時にあると便利。

h　ボンド　Gクリヤー
ブローチを作る時に使用(P46)。

i　木工用ボンド(P44)

j　工作用ハサミ
細かい作業に向く、先端がよく切れるハサミ。

k　平ペンチ(P46)

l　スタイラス
チャコペーパーで図案を写す時に使う鉄筆(P36)。

m　チャコペン
布用のシャープペンタイプ。

n　熱で消えるペン(P36)

o　白いペン(P48)

p　時間が経つと消えるペン（細）
自然にインクの色が消える洋裁用のペン。

q　チャコペーパー
色はグレーを使用。

r　方眼定規

S　丸定規

※そのほか、目打ちをボンドを塗る時やP47で使っています。

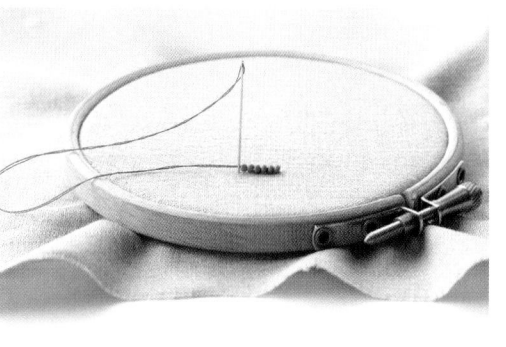

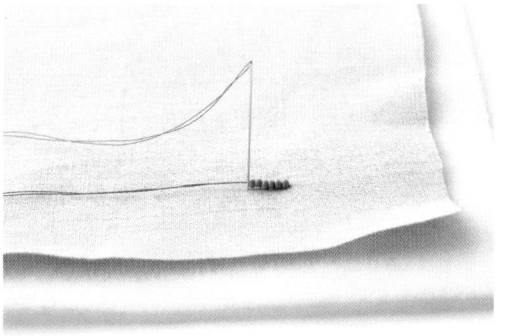

刺繍の準備

刺繍枠とビーズマット

美しく刺すには「布に針を垂直に刺す」「針が布の上で倒れない」状態が必要です。そのためには布が安定し、針が立つことができる状態を作ります。

刺繍枠：

丸枠は、枠を外した時の布のしわに気をつけてサイズを決めます。布にしわをつけたくない時は、メティエと呼ばれる大きな四角い枠を使います。

ビーズマット：

刺繍枠の跡を布につけたくない時、芯が貼ってあり布が小さい時は、刺繍枠を使わないこともあります。針を立たせるために、必ずビーズマットの上に布を置いて針を刺します。面倒だからと手に持ったまま刺すと思い通りには刺せません。

接着芯

芯を貼るかどうかの判断：

デザインや用途、布の特性を考えて決めます。例えば、ポーチはハリを持たせるために芯を貼ります。巾着は口を絞った時のギャザーの雰囲気を活かしたいので貼りません。薄い布や目の粗い布は芯を貼ると刺繍の針目が安定します。いろいろな角度から検討して決めましょう。

芯の種類：

リネンの繊維は硬いので、ハリのある芯はあとで剥がれてきます。不織布ではなく、布になじみやすい伸縮性のある「布芯」を使います。

貼り方：

アイロン台にリネンの裏を上にしてのせ、地の目が歪んでいないことを確認します。その上に接着芯の糊面を下にしてのせます。アイロンをかけると樹脂の糊が熱で溶けます。芯が布からはみ出しているとアイロン台に糊がついてしまうので気をつけましょう。端からかけると芯がズレるので中央から外へと順にかけます。

**リネンに接着芯を貼る時に、
必ず守ってほしいこと**

・蒸気アイロンをかけてはいけません。
・アイロンの温度は中温。ポリエステルの芯は高温にすると溶けて縮みます。
・15秒圧着します。10秒〜15秒との表示が多いですが、リネンにはつきづらいので15秒間圧着させましょう。
・芯の種類によって差があるため、必ず事前に試してから使います。

図案を布に写す

・リネンに写す

チャコペーパーを使う：

1. 図案の上にトレーシングペーパーをのせて図案を写します。

2. 表を上にした布の上に1.のトレーシングペーパーをのせ、ドレスピンで固定します。

3. チャコペーパーのインク面を下にして、トレーシングペーパーの下に差し込みます。
※チャコペーパーは固定しません。

4. 図案線をスタイラスまたはトレーサー（使用済みのボールペンも可）でなぞります。トレーシングペーパーが破れる場合はセロファンをのせます。
※チャコペーパーで完全に写そうとせず、トレーシングペーパーをめくって確認し、足りないところはチャコペンで描き足します。刺繍をしながら「時間が経つと消えるペン」で描き足す箇所は、最初から写しておく必要はありません。

※トレーシングペーパーに地の目線（または図案の中心線）を描いておくと布と合わせることができます。

透かして写す：

図案を写したトレーシングペーパーを窓ガラスにテープで固定し、その上に布をテープで貼ります。光で透けて見える線を写します。濃色の布には不向きです。透明のアクリル板を窓ガラス同様に使い、下から光を当てて写すこともできます。

熱で消えるペンを使う：

「フェルトに写す」と同様の方法で写すこともできます。標（しるし）を描く時に「熱で消えるペン」を使い、刺繍が終わったら、ドライヤーなどで裏から温めて標を消します。
※布の種類によって標が消えないことがあります。また、スパンコールは熱に弱く変形するもの、ビーズは表面加工が変色するものがあり、デリケートです。必ず事前に試してください。

NOTE

・リネンは繊維が硬いのでペン先をしっかりと押しつけます。線で写すことが難しい時は、点の連続で写しましょう。
・ビーズ刺繍は図案線を消せません。完成時に線が見えないように写します。
・図案線の上にビーズを刺す時、線が太いとどこに針を刺すか迷います。太い線の内側と外側ではビーズ1個分ほどの差ができます。仕上がりを大きく左右するので、線はできるだけ細く、ていねいに写しましょう。

・フェルトに写す

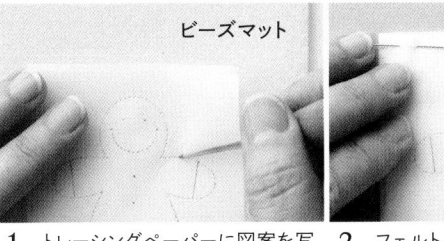
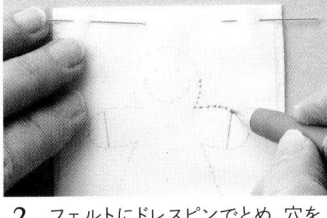
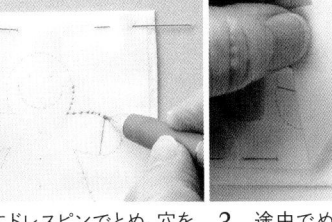
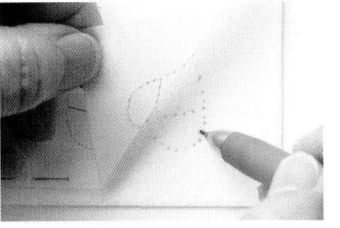

1. トレーシングペーパーに図案を写し、目打ちで穴をあける。

2. フェルトにドレスピンでとめ、穴をなぞるようにペンで標を描く。

3. 途中でめくって確認し、薄い部分は直接標をつける。

NOTE

白いフェルトに図案を写す時は、「時間が経つと消えるペン」を使います。

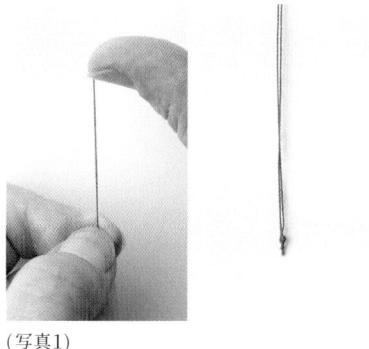

（写真1）

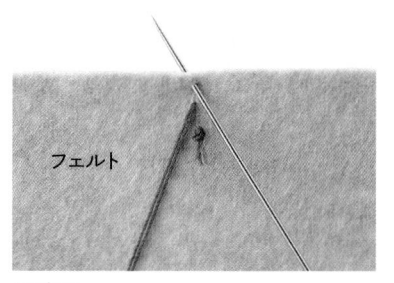

フェルト

（写真2）

美しく刺すために

玉結びと玉どめ

美しく刺繍をするためには、丈夫に作ると同時に、できるだけ薄く仕上げるのが重要です。玉どめは表に響くのでできるだけ少なくします。

刺し始めの玉結びと刺し終わりの玉どめは必ず作ります。布目から抜けない程度で大きすぎない大きさです。玉結びを作る時は糸を引きながら爪で玉を固く引き絞ります（写真1）。こうしておけば、あとで玉がほどけることはありません。最後は爪で押さえて糸を引き、角度を変えて2〜3回繰り返します。糸端は3mmほどで切ります。

フェルトのブローチを作る時は、スタートの針を入れる位置に気をつけます。端にビーズを刺す時は、少し内側に針を入れてから刺し始めると、玉結びがフェルトの端にできず、表と裏を貼り合わせた時にフチがデコボコせずに仕上がります（写真2）。この針目が表から見て目立つ時は、フェルトの厚みの中に通します。

小さなステッチ

長い針目でビーズを刺すと、糸がゆるんでビーズが落ち着きません。糸がゆるまないように、ところどころで1mmほどに小さく刺す「小さなステッチ」（カラステッチともいいます）をビーズの下などパーツに隠れる場所にします。ビーズ数個をまとめて刺す時は、刺すごとに「小さなステッチ」を入れることもあります。

どの作品も、裏側に1cm以上長い糸が渡らないようにします。刺し進む方向に刺繍がしてあればその材料に隠れる場所に「小さなステッチ」をしながら進みます。ステッチする場所がなければ玉どめをして糸を切ります。

スパンコールを刺したあとの玉どめは、糸がゆるみやすいものです。「小さなステッチ」をして糸を落ち着かせてから玉どめをします。

ビーズを刺す　糸は 2 本どりで刺します

連続刺し　※右から左へ刺し進む（右利きの場合）

1 ビーズを2個ひろう。

2 糸を進行方向へ引き、針を垂直に入れる。

3 糸をゆるめ、図案線の中心から針を出す。

4 糸を引いたところ。

5 先頭のビーズ1個に針を通し、糸を引く。

6 1〜5を繰り返して右から左へ刺し進む。

NOTE

角を作る

①の先端で針をとめ（糸は切りません）、新たに②から刺し始めます。①と②のビーズの外側のラインが一直線に並ぶように気をつけます。

返し縫いで刺す

1 標より先に針を出す。

2 ビーズを通し、標の手前側に針を入れる。

3 1〜2を繰り返して刺し進む。

NOTE

ビーズの間隔が広い時は続けて刺さず、その都度玉どめして糸を切ります。大きなビーズはビーズの下に小さなステッチ（P37）を入れましょう。

並縫いで刺す

1 同じ間隔をあけて針を出す。

2 ビーズを通し、糸を進行方向へ引き、針を垂直に入れる。

3 1〜2を繰り返して刺し進む。

EXAMPLE

P15葉模様はこの刺し方です。

まとめて刺す

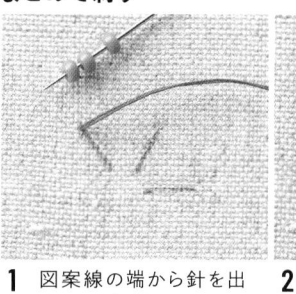

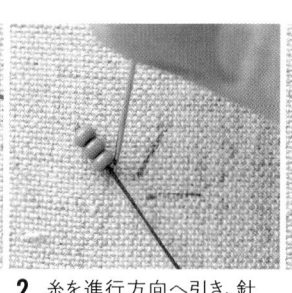

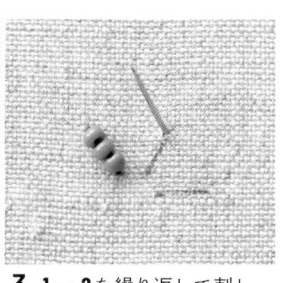

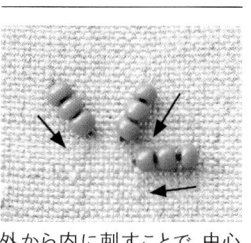

1 図案線の端から針を出し、必要個数のビーズをひろう。

2 糸を進行方向へ引き、針を垂直に入れる。

3 1〜2を繰り返して刺し進む。

外から内に刺すことで、中心が定まったきれいな放射状になります。

コーチングステッチ

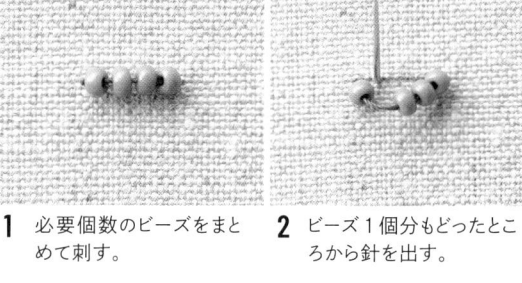

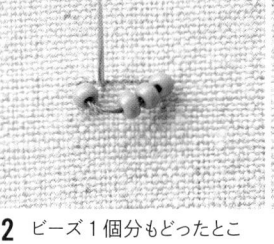

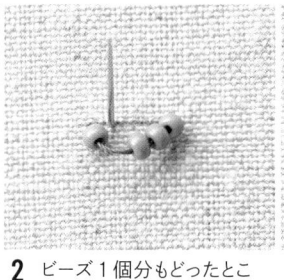

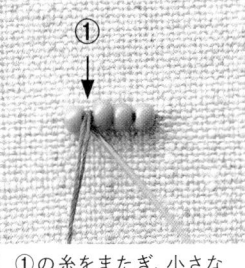

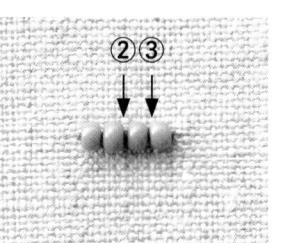
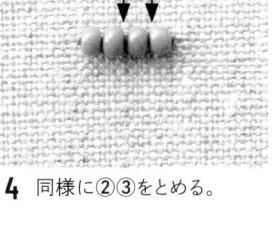

1 必要個数のビーズをまとめて刺す。

2 ビーズ1個分もどったところから針を出す。

3 ①の糸をまたぎ、小さな針目でとめる。

4 同様に②③をとめる。

コーチングステッチで輪を刺す

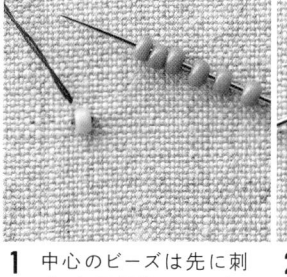
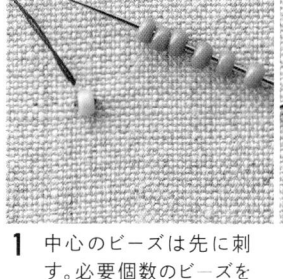

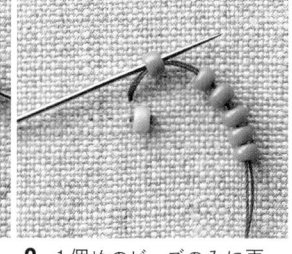
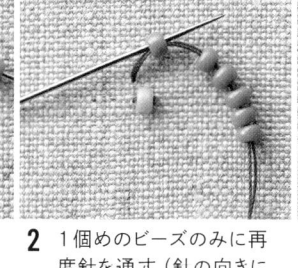

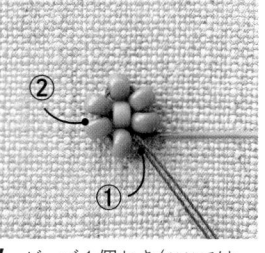
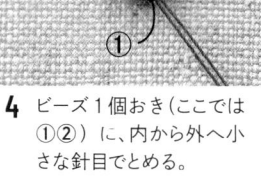

1 中心のビーズは先に刺す。必要個数のビーズをひろう。

2 1個めのビーズのみに再度針を通す（針の向きに注意）。

3 左手の指で押さえながら糸を引き、1個めのビーズの右側に針を入れる。

4 ビーズ1個おき（ここでは①②）に、内から外へ小さな針目でとめる。

ランダムに刺しうめる

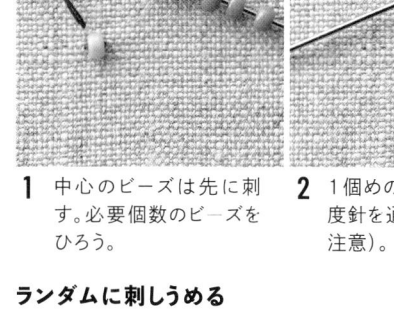
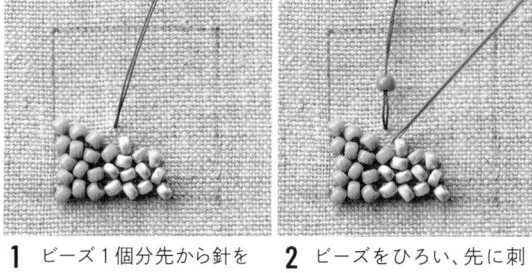

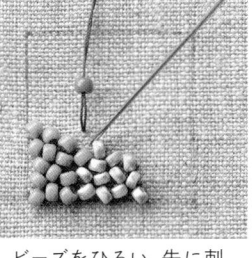

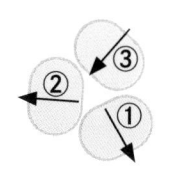

1 ビーズ1個分先から針を出す。

2 ビーズをひろい、先に刺したビーズを押さないように針を入れる。

3 ビーズの方向がそろわないようにランダムに刺す。

ひと針ごとに向きを変えて刺し進めます。

スパンコールを刺す

糸は1本どりが基本ですが、2本で丈夫に刺すこともあります

連続刺し ※左から右へ刺し進む（右利きの場合）

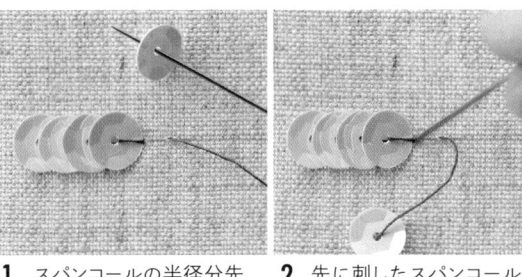 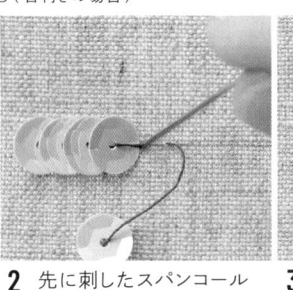 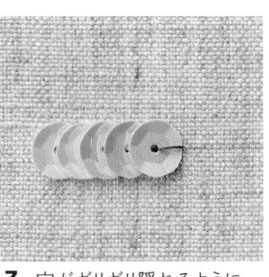

1 スパンコールの半径分先から針を出し、スパンコールの凹面からひろう。

2 先に刺したスパンコールのきわに針を入れる。

3 穴がギリギリ隠れるように刺す。1の針目を少しだけ短くすると穴が隠れる。

NOTE

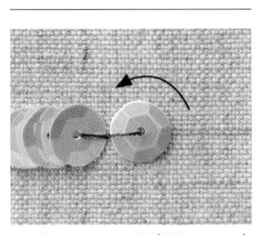

スパンコールが裏返った時は、落ち着いて向きを変えてみてください。

片どめ

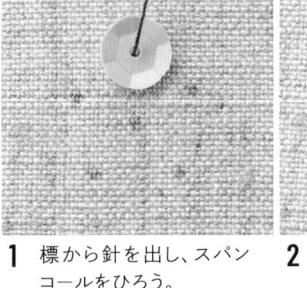 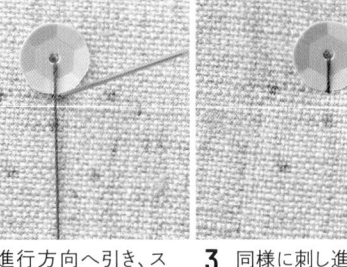 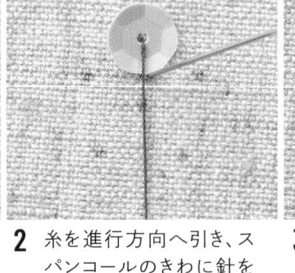 

1 標から針を出し、スパンコールをひろう。

2 糸を進行方向へ引き、スパンコールのきわに針を垂直に入れる。

3 同様に刺し進む。

片どめ ※スパンコール同士の距離を正確にそろえたい場合

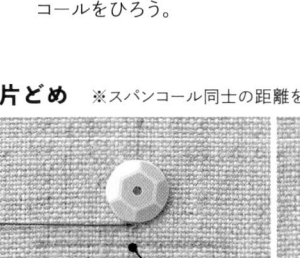 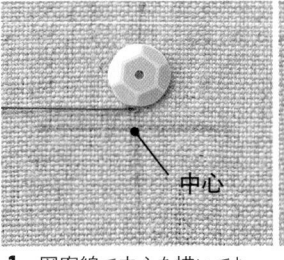 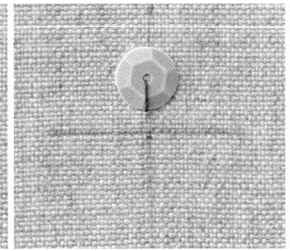 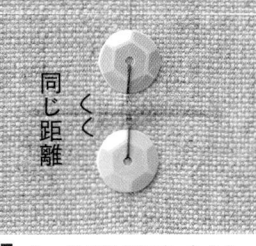 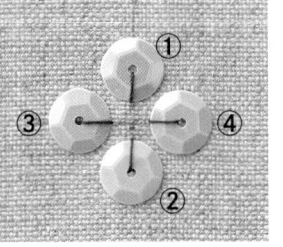

中心

同じ距離 くく

① ③ ④ ②

1 図案線で中心を描いておく。スパンコールの端にしたい位置から針を出す。

2 スパンコールの中心に針を入れて引く。

3 1～2を繰り返す。中心とスパンコールのフチの距離がそろうように注意。

4 ②④は刺し終わったらスパンコールの陰で小さなステッチをする。

ビーズでとめる ※糸2本どり

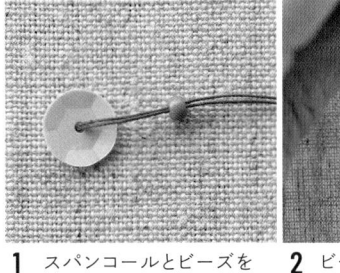 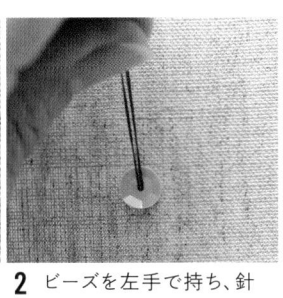 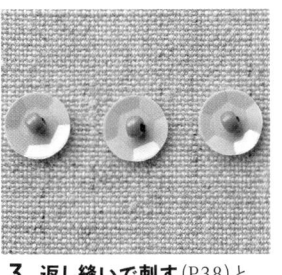 

1 スパンコールとビーズをひろう。

2 ビーズを左手で持ち、針をスパンコールの穴に入れて糸を引く。

3 **返し縫いで刺す**（P38）とビーズが安定する。

NOTE

ビーズ同士を重ねる場合でも、刺し方は同じです。

両どめ

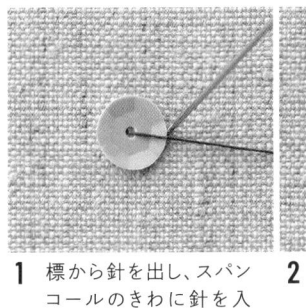

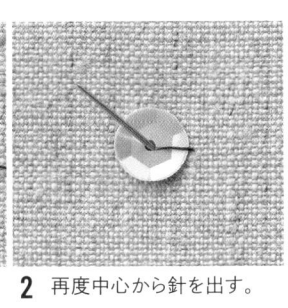

1 標から針を出し、スパンコールのきわに針を入れる。

2 再度中心から針を出す。

3 反対側のきわに針を入れる。

NOTE

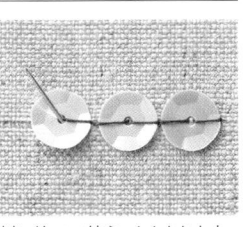

刺し並べて使うこともあります。

両どめの連続刺し

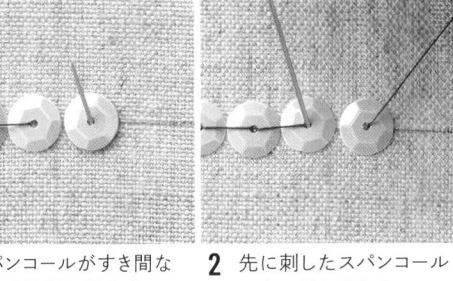

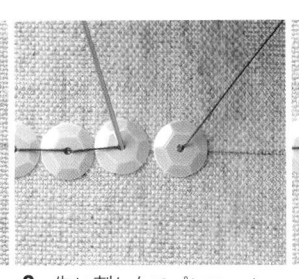

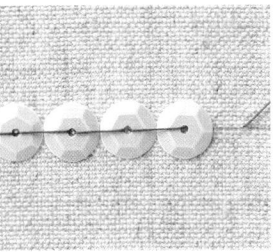

1 スパンコールがすき間なく並ぶ位置に針を出し、スパンコールをひろう。

2 先に刺したスパンコールの穴に針を入れる。

3 1～2を繰り返して刺し進む。

NOTE

［**両どめ**］は半径ずつ、［**両どめの連続刺し**］は直径ずつ進みます。

スパンコールにくぼみをつける

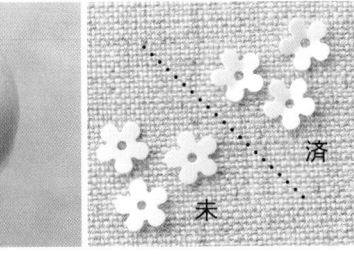

1 指の上にのせ、爪で押すようにくぼみをつける。

2 タテヨコに2回折る。

EXAMPLE

P19の作品で、中心にビーズをのせて使用しています。

NOTE

スパンコールには表と裏があります。亀甲のスパンコールは凹面が表ですが、デザインにより凸面を表として使うこともあります。

凹面が表　　　　P06

凸面が表　　　　P15

P12

糸のステッチ　25番刺繍糸は 35 〜 40cm に切って使います

バックステッチ

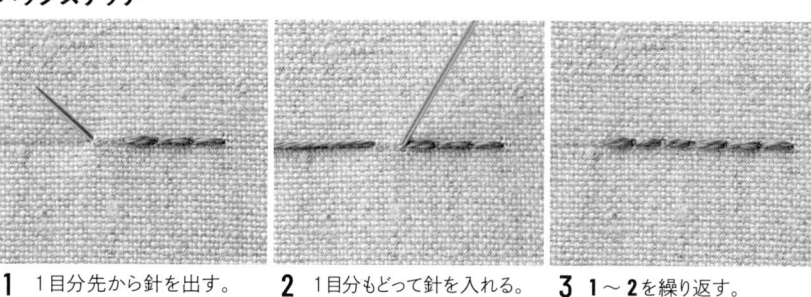

1 1目分先から針を出す。

2 1目分もどって針を入れる。

3 1〜2を繰り返す。

アウトラインステッチ

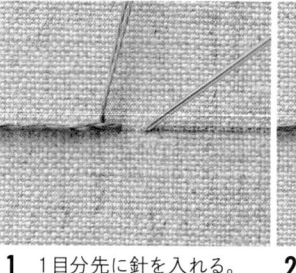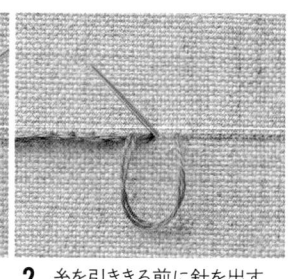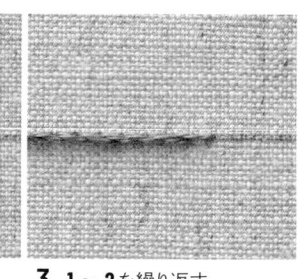

1 1目分先に針を入れる。

2 糸を引ききる前に針を出す。

3 1〜2を繰り返す。

NOTE

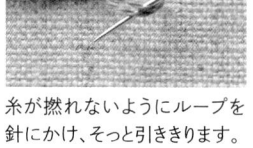

糸が撚れないようにループを針にかけ、そっと引ききります。

レゼーデージーステッチ

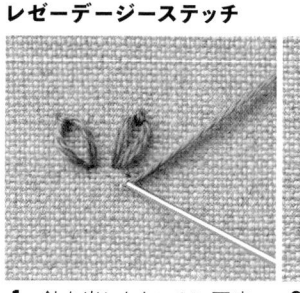

1 針を出したところに再度針を入れる。

2 図案の先端部分から針を出し、糸を引く。

3 小さな針目でループをとめる。

NOTE

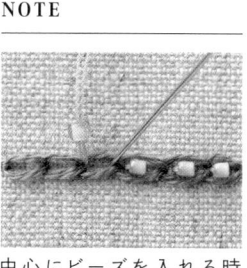

ビーズの周りに刺す時は、糸が隠れないようにゆったりと刺します。

チェーンステッチ

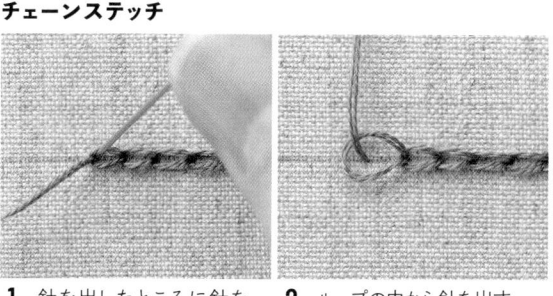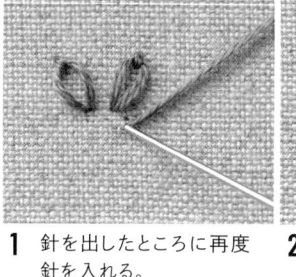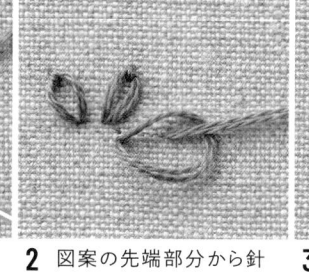

1 針を出したところに針を入れる。

2 ループの中から針を出す。

3 最後は小さな針目でループをとめる。

NOTE

中心にビーズを入れる時は、あとから**返し縫いで刺す**（P38）で刺します。

42

フレンチノットステッチ

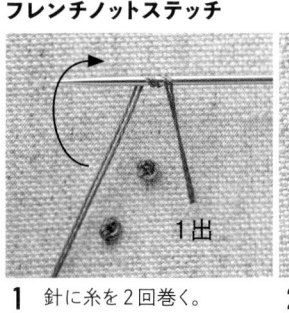

1 針に糸を2回巻く。

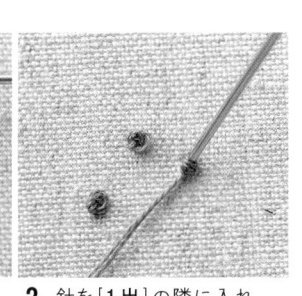

2 針を[1出]の隣に入れ、糸をそっと引く。

NOTE

巻く回数と糸の引き具合で輪の大きさと形を調整します。

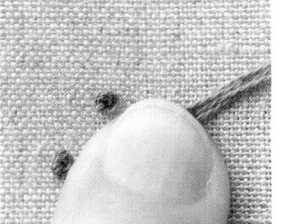

3 針の頭を押し、**2**でできた輪を押さえたまま布の下からそっと針を抜く。

コーチングステッチ

1 軸糸を、別の糸でとめる。

NOTE

2本の針を使います。軸糸を通した針を図案の右から出し、図案線に沿わせます。別糸（ここでは赤）の針を出し、軸糸をまたぐ小さな針目でとめます。

EXAMPLE

P15で、茎や葉の輪郭を描いています。

スミルナステッチ

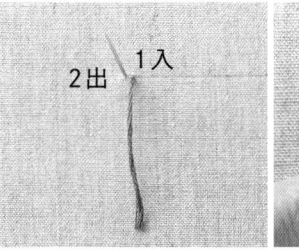

1 スタート[1入]は表から針を入れる。[2出]はその左側。

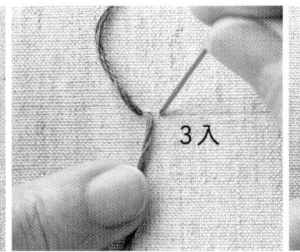

2 **1**の糸端を押さえ、**1**の糸をまたぐように針を入れる[3入]。

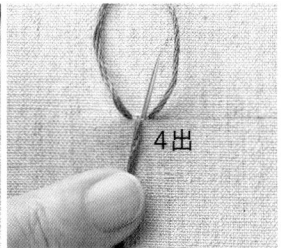

3 [1入]の右側に針を出す[4出]。

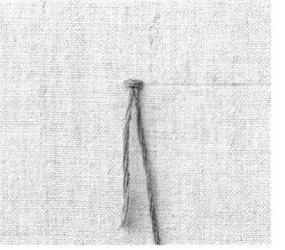

4 **3**の糸を手前に引いたところ。

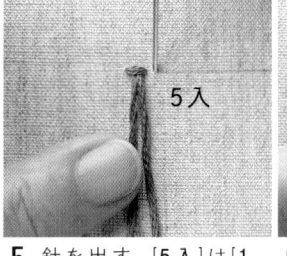

5 針を出す。[5入]は[1入]と同じ。

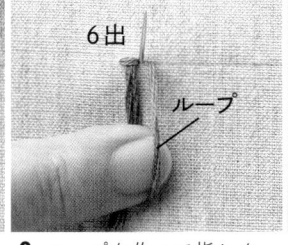

6 ループを作って指にかけ、[5入]の左側に針を出す[6出]。

7 ループの糸をまたぐように針を入れる[7入]。

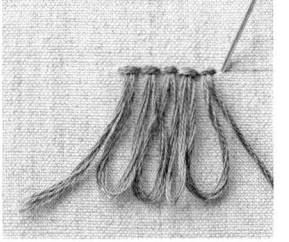

8 同様に刺し進む。ループはマスキングテープで押さえると刺しやすい。

ラメ刺繍糸 ディアマントの使い方

金属的に輝く美しい糸です。

細い糸3本撚りの「ディアマント」、

6本撚りの「ディアマントグランデ」の2種類があります。

25番刺繍糸とはまた違う質感に特色があり

使い方が異なるため、

ここでは美しく刺すためのコツをご紹介します。

この本では糸の撚りをもどして使う作品も

掲載しているため、その方法も記載しました。

先端にボンドをつける

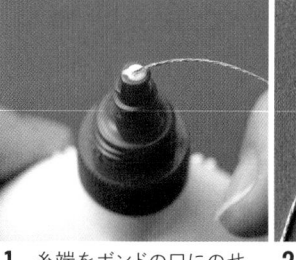

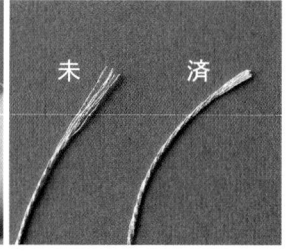

1 糸端をボンドの口にのせて、軽くつける。

2 糸端を指でつまみ、そっと引き抜いて糸端をまとめる。

NOTE

糸を切ると切り口から次第にほぐれてきます。先端にボンドをつけて軽く固めるとほぐれ止めになり、針に通しやすくなります。

撚りをもどして使う時

3本撚りの糸を30cmくらいに切り、右手で糸を分けて持ち、左手の指で撚りをもどす。

折り癖をつけながら刺す （アウトラインステッチの場合）

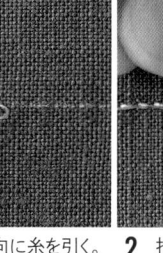

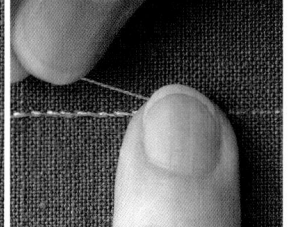

1 針を抜いた方向に糸を引く。

2 指で押さえて折り癖をつけ、糸を落ち着かせる。

糸の輝きを大切に

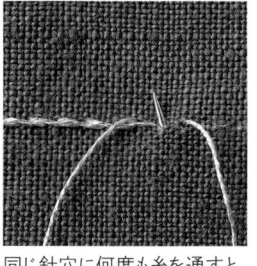

同じ針穴に何度も糸を通すと、その部分の糸が劣化するので注意。

針穴部分は使わない

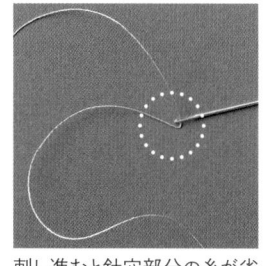

刺し進むと針穴部分の糸が劣化するため、この部分は刺繍に使わない。

そのほかのパーツ

大きなサイズの
パーツを刺す

大きなサイズのパーツは、同じ
穴に2回ずつ針を通します。

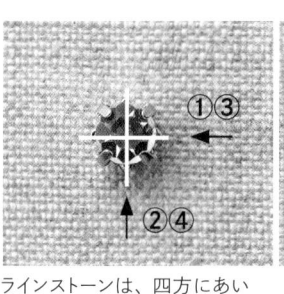

ラインストーンは、四方にあい
た穴に十字に針を通す。

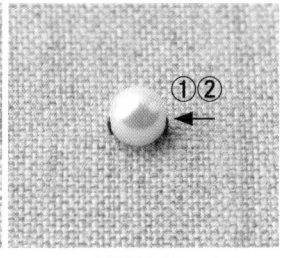

パールは2回針を通してとめる。

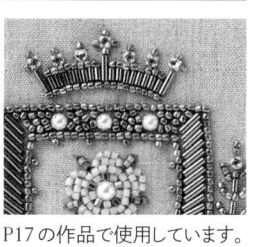

P17の作品で使用しています。

フリンジをつける　※袋を仕立ててから、表布のみをひろってつける

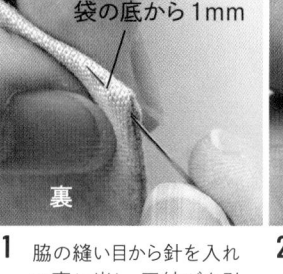

1 脇の縫い目から針を入れ
て裏に出し、玉結びを引
き入れる。

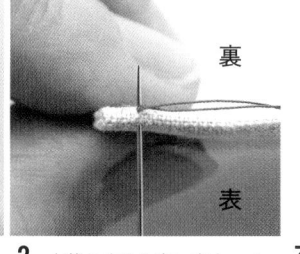

2 巾着の表から裏に向かって
垂直に針を入れる。以降、
表を見ながら刺し進む。

3 必要数のビーズをひろう。

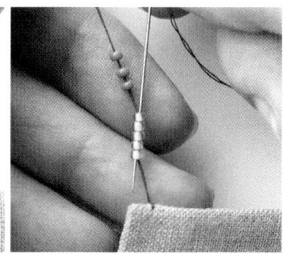

4 先端3個を残し、残りの
ビーズに再度針を通す。
先に通した糸を縫わない
ように注意。

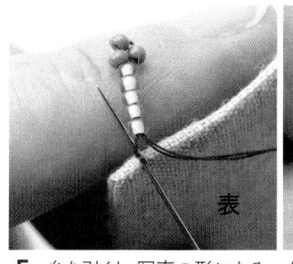

5 糸を引くと、写真の形になる。
2と同じ針穴に針を入れる。

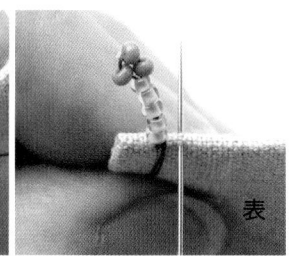

6 **5**の隣に垂直に針を入れる。

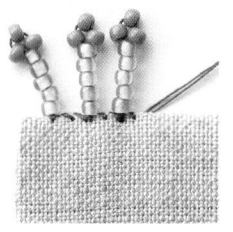

7 **2〜6**を繰り返して刺し進む。

NOTE

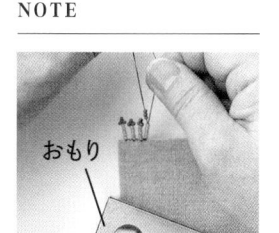

手前側をおもりで押さえると
作業がしやすくなります。

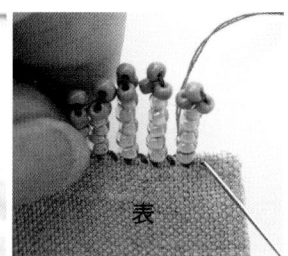

8 最後のフリンジをつけ、
再度同じ針穴に針を入
れる。

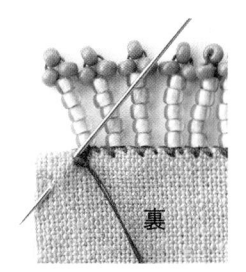

9 隣を小さく縫い、袋の裏
に針を出す（**6**と同様）。

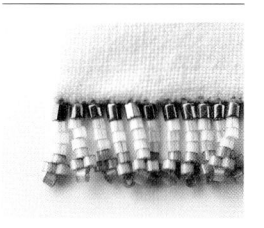

10 玉どめをして針を同じ穴に
入れる。玉を爪で押さえて
引き抜き、袋内に隠す。

EXAMPLE

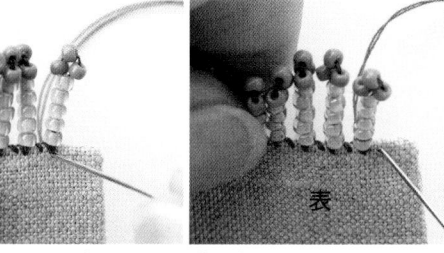

P19の巾着にフリンジをあし
らっています。

ブローチの作り方

ブローチの作り方　1

ブローチ金具にセットする
方法です。

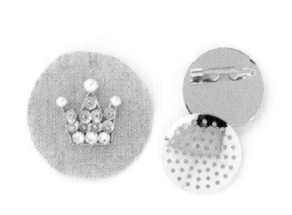

1 シャワー皿とツメつきブ
ローチ金具のセットを用
意する。

2 糸を2本どりにし、玉結び
を表側に出してぐし縫い
をする。

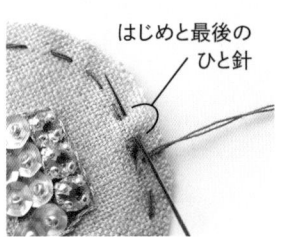

はじめと最後の
ひと針

3 ぐし縫いの最後のひと針
は、はじめと同じ山になる
ように並べて縫う。

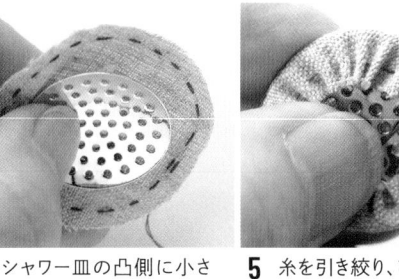

4 シャワー皿の凸側に小さ
く両面テープを貼り、**3**と
重ねる。

5 糸を引き絞り、ひと山を返
し縫いする（玉どめ前に
糸がゆるまないようにす
るため）。

NOTE

返し縫いをする時は、針
を抜ききるまで左手の爪
で糸をしっかりと押さえ
ておきます。

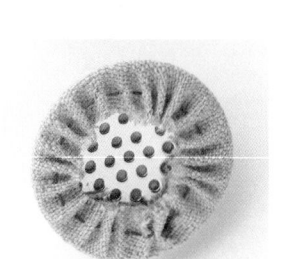

6 玉どめをして糸を切る。

7 端のしわを爪で内側に押
し込み、なじませる。表の
刺繍が中央にあることを
確認する。

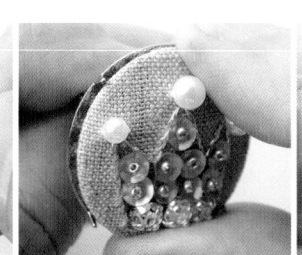

8 **7**の布部分にボンドをつ
け、ブローチ金具にセット
する。

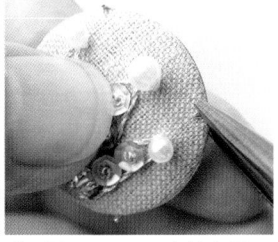

9 平ペンチでツメを倒す。平
ペンチにマスキングテー
プを巻くと、金具が傷つき
にくい。

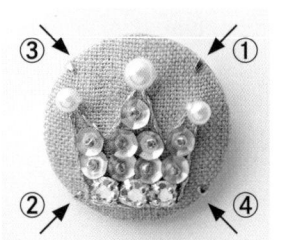

③　　　①

②　　　④

10 ツメは①〜④の順で倒
す。はじめから強く押さえ
ず、少しずつとめる。

ブローチの作り方　2

シャワー皿や台座金具を
使わずに作ることができる
方法です。外周にビーズを
つけることもできます。

※別の材料で試してから作り
ましょう。
※プラスチック板（以下プラ
板）はクリアファイルなどを使
用します。

1 ハードフェルト大小2枚、
プラ板大小2枚、合皮、ブ
ローチ金具を用意する。

2 フェルト大、フェルト小、
プラ板大の順に、それぞ
れボンドで貼り重ねる。

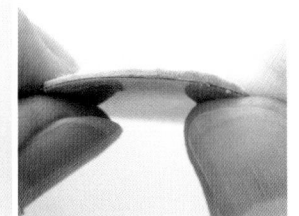

3 フェルト面を上にし、端を
押さえてカボション状（底
は平らで、上面をふっくら
させる）に形を整える。

 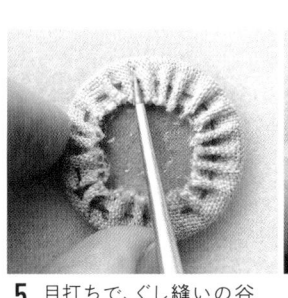  

4 刺繍をした布をぐし縫いし、**3**をくるむ(P46参照)。目打ちでプラ板と布の間にボンドを入れる。

5 目打ちで、ぐし縫いの谷を中心へ引いて整える。ビーズマットの上で作業をする。

6 目打ちでしわを内側に押し込み、なじませる。

7 プラ板小を底に貼り、カボション状に形を整える。平らなところに置いて形を確認する。

[ビーズをつける]

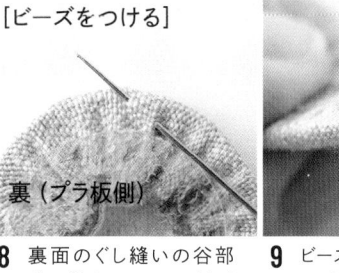 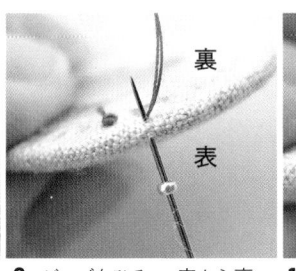  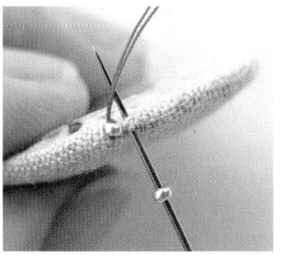

裏(プラ板側)

裏 表

8 裏面のぐし縫いの谷部分に針を入れる。玉結びが谷部分に入る。

9 ビーズをひろい、表から裏へ垂直に針を入れる。

10 糸を引く。ビーズが1個ついたところ。

11 ビーズをひろい、**9**と同様に針を入れる。

 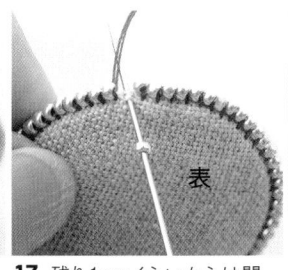 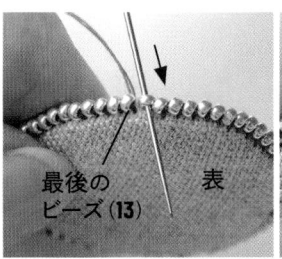  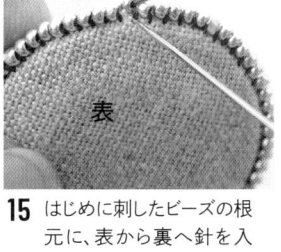

表 表 最後のビーズ(**13**) 表 表

12 **11**を繰り返してビーズを刺す。同じリズムで刺すとビーズが美しく並ぶ。

13 残り1cmくらいからは間隔を確認しながら刺し進み、最後のビーズを刺す。

14 はじめに刺したビーズに、裏から表へ針を通す。

15 はじめに刺したビーズの根元に、表から裏へ針を入れる(**9**の針目に重ねる)。

 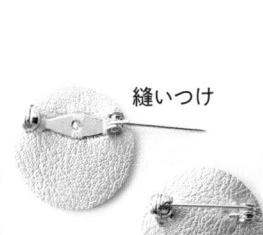 

裏

縫いつけ

切り込みに入れて接着

はじめのビーズ

16 ぐし縫いの谷部分で玉どめをし、糸を切る。

17 合皮にブローチ金具をセットし(初心者には縫いつけがおすすめ)、**16**と貼り合わせる。

NOTE

ビーズの間隔をあける時は、「時間が経つと消えるペン」で標をつけ、**返し縫いで刺す**(P38)で刺します。最後にはじめのビーズに針を通します。

ウール生地に刺繍をする

マフラーやセーターに刺繍をするには
「別の布や紙に図案を写し、
しつけ糸でとめて刺繍をしたあと、
布をカットし、紙はていねいに切り取る」という
古くから使われてきた方法があります。
この作品ではマフラーと同じ色のオーガンジーを使い、
刺繍後に周りを切る方法で作っています。

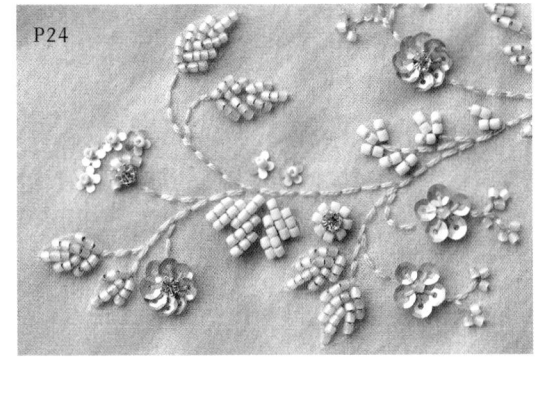

P24

※マスキングテープを使います

1 オーガンジーに「基準線」を描く。図案に重ねる時に必要な標。
基準線

2 大きめの紙に図案を貼る。基準線を合わせてオーガンジーをのせ、テープでとめる。
紙　図案　オーガンジー　基準線

3 図案を写す時に動かないよう、オーガンジーの外周を細かくテープでとめる。

4 白いペンで図案をなぞる。

NOTE

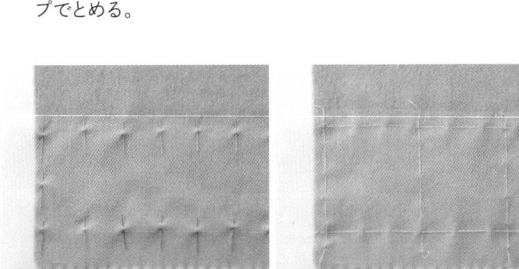

黒い紙をオーガンジーの下に差し込むと、図案線が確認できます。

5 刺繍をしたい位置にオーガンジーをのせ、ドレスピンで仮どめする。

6 しつけ糸でしつけをかける。

7 マフラーが傷まないよう、刺繍枠にゆるく張り、刺繍をする。

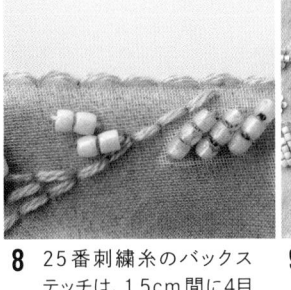

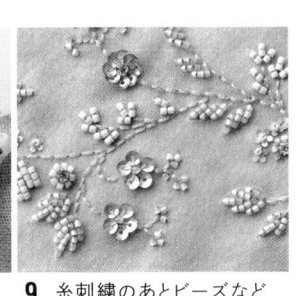

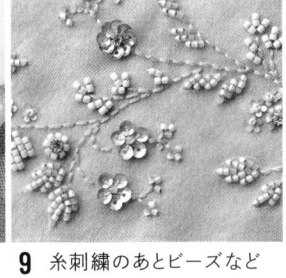

NOTE

8 25番刺繍糸のバックステッチは、1.5cm間に4目くらい。ゆったりと刺す。

9 糸刺繍のあとビーズなどを刺す。スパンコールはできるだけ最後に刺す。

裏側の糸の始末。玉どめのあと、布の厚みの中に通し（1cmほど）、糸を切ります。

10 刺繍回りのオーガンジーを5mmくらい残してカットする。粗裁ちしてから細かい部分を切る。

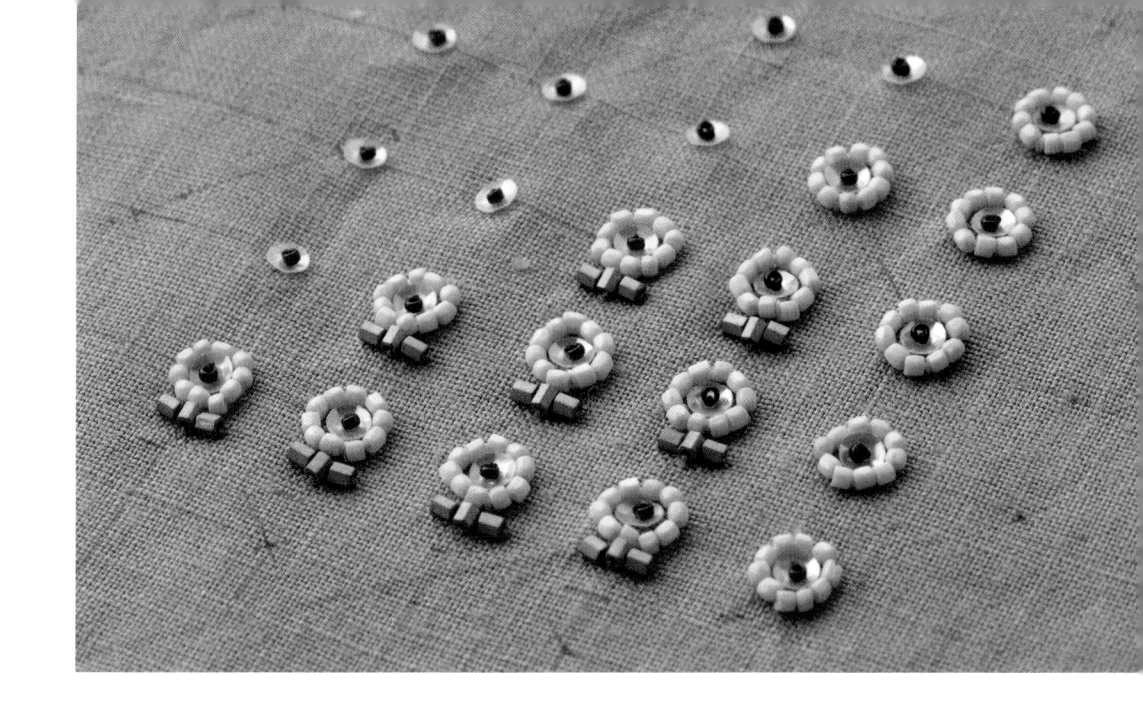

きれいに刺すために大切なこと

糸調子に気をつける

針仕事はどのようなものでもちょうどよい糸調子があります。リネンにビーズ刺繍をする時は布がつらない程度にしっかりと糸を引きます。

ビーズとビーズの間隔

ビーズ刺繍はすき間なく刺してあるわけではなく、適度なすき間をあけています。ビーズの連続刺しは一定の間隔ですき間（針1本分くらい）をあけてリズムよく刺してください。最初は難しくても、たくさん刺すことで慣れて美しく刺せるようになります。

裏側も美しく

裏がきれいだと表もきれいに刺せているものです。裏に長い糸が渡っているとビーズが安定しません。また布がつれる原因になります。途中に「小さなステッチ」を入れるか、場所がなければあきらめて玉どめをして糸を切ります。玉どめはできるだけ少なくなるよう考えながら刺しましょう。玉どめの糸は毎回3mmほどで切ります。ほどけるのが不安で長めに残す方が多いですが、あまり意味はなく、爪で押さえて固く作ることが大切です。切る動作は毎回1回で済ませましょう。玉どめの時に糸を引きすぎて布が寄らないように気をつけます。

左手に仕事をさせる

※右利きを基準に説明しています

裏側の糸のもつれは、主に「2本どり」の時に起こります。ビーズ刺繍は、左手でビーズをとめる方向にテンションをかけて糸を引く動作（P38 連続刺し -2）を行うことが常です。針を布に刺す時に糸のテンション（2本の糸がそろっているかどうか）を確認してから針を進めます。繰り返すうちに、これが特別なことではなくなります。いつも左手に一緒に仕事をさせましょう。

客観的に見ること、
その部分だけにとらわれないこと

集中して刺していると細部ばかりに気をとられ、美しい線を描くなど全体に関わる部分がおろそかになっていることがあります。時折全体にも目を配り、椅子から立ち上がって少し離れたところから見てみましょう。

何か違う……と気づいた時

きれいに刺せない原因はいくつかあります。先に刺してあるビーズを押してしまった、ビーズの並びが均一ではない、標から標までていねいに刺せてないなど。あ…違う、と気づいた時に刺し直す勇気を持ちましょう。Do your best！

エンブレム P16　size：縦6×横5cm

材 料

A ３カットビーズ／#1279（黒ゴールド）…約160個 [MIYUKI]

B 六角ビーズ／15/0／#2235（ベージュ）… 約210個 [MIYUKI]

C 特小ビーズ／#131（クリスタル）…約200個 [MIYUKI]

D スパンコール／4mm亀甲／マットペールゴールド…6枚 [小さな手芸屋さん]

E スパンコール／4mm亀甲／オリエンタルインディゴ…約45枚 [小さな手芸屋さん]

F スパンコール／4mm平／セラミックブラック…約100枚 [小さな手芸屋さん]

ファイアポリッシュ／4mm K2051／#407（ブルー）…1個 [MIYUKI]

パール／3mm／K383（白）…2個 [MIYUKI]

25番刺繍糸／#334（青）[DMC]

25番刺繍糸／#310（黒）[DMC]

糸／シャッペスパン#60／No.365（ベージュ）[FUJIX]

糸／シャッペスパン#60／No.282（薄グレー）[FUJIX]

リネン／LIBECOベーシックス／エコダーク [the linen bird]

プラスチック板（クリアファイルなど）…6×5cm

ハードフェルト／H790（黒）…6×7cm [SUNFELT]

ブローチ金具／25mm／K508（シルバー）…1個 [MIYUKI]

道 具

ボンド、目打ち、工作用ハサミ
※この作品は刺繍枠をお使いください

作り方

1. 刺繍をする。

2. 刺繍枠に張ったまま、
プラスチック板を裏面に貼る。

3. 刺繍枠からはずし、
図案の裁断線でカットし、
裏へ折り込んで貼る。
角を先に折るとよい。スパンコールが
裏返らないように注意する。

4. ブローチ金具をセットした
フェルトを貼る。ブローチ金具は
中心より上寄りにつける。

図案（原寸）　糸は指定以外全て2本どり
指定以外全てシャッペスパン（ベージュ）

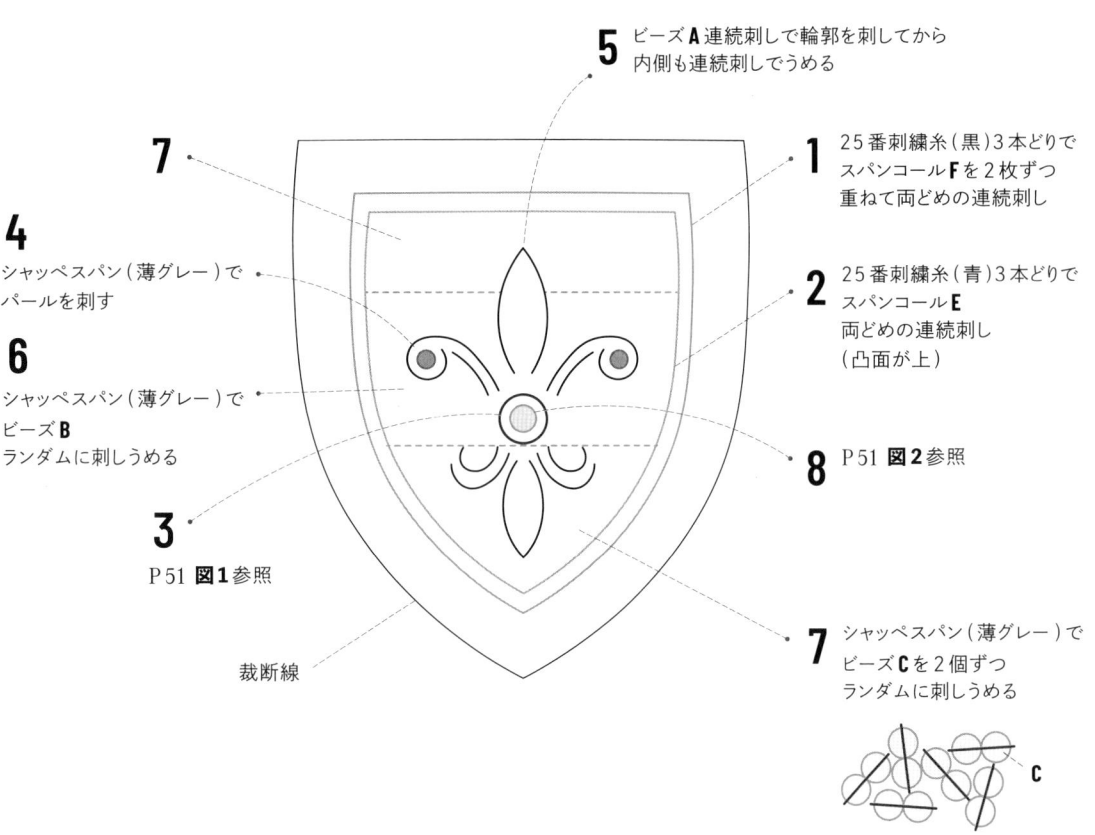

5 ビーズ**A**連続刺しで輪郭を刺してから
内側も連続刺しでうめる

7

4
シャッペスパン（薄グレー）で
パールを刺す

6
シャッペスパン（薄グレー）で
ビーズ**B**
ランダムに刺しうめる

3
P51 **図1**参照

裁断線

1 25番刺繍糸（黒）3本どりで
スパンコール**F**を2枚ずつ
重ねて両どめの連続刺し

2 25番刺繍糸（青）3本どりで
スパンコール**E**
両どめの連続刺し
（凸面が上）

8 P51 **図2**参照

7 シャッペスパン（薄グレー）で
ビーズ**C**を2個ずつ
ランダムに刺しうめる

C

型紙（原寸）

プラスチック板

ハードフェルト

図1

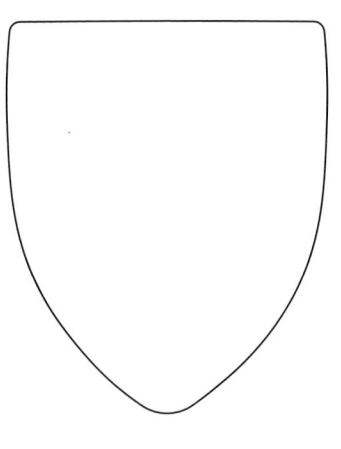

シャッペスパン（薄グレー）で
ファイアポリッシュを刺す

図案線

ビーズ **B** 連続刺し

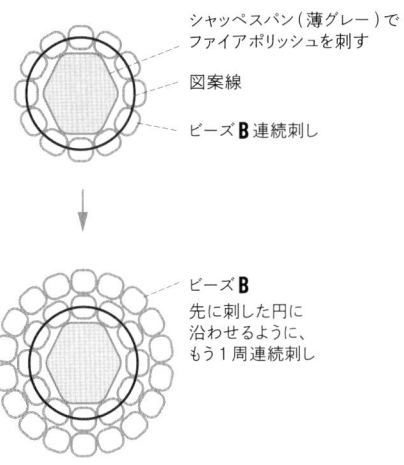

ビーズ **B**
先に刺した円に
沿わせるように、
もう1周連続刺し

図2

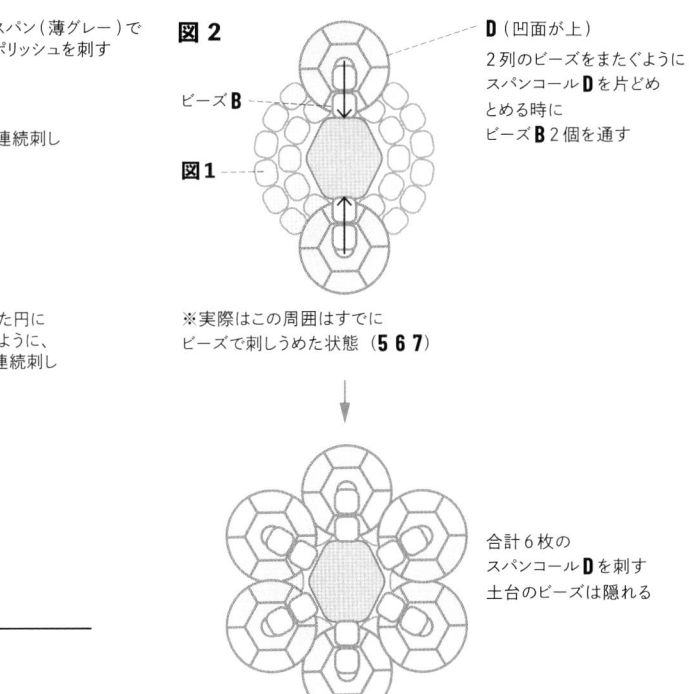

D（凹面が上）
2列のビーズをまたぐように
スパンコール **D** を片どめ
とめる時に
ビーズ **B** 2個を通す

ビーズ **B**

図1

※実際はこの周囲はすでに
ビーズで刺しうめた状態（**5 6 7**）

合計6枚の
スパンコール **D** を刺す
土台のビーズは隠れる

NOTE

▶**6**と**7**は地のリネンの色が透ける前提で
ビーズ**B**と**C**を使っています。別の生地や
ビーズでアレンジする時は、この効果を考
えて材料を選びます。難易度が高めの作品
ですが、ぜひチャレンジしてみてください。

小花刺繍のマフラー　P24　size：幅33×長164cm（フリンジを除く）

材 料

A 3カットビーズ／ #1296（薄ピンク）…約220個 [MIYUKI]
B 3カットビーズ／ #577（生成銀引）…約500個 [MIYUKI]
C スパンコール／ 4mm亀甲／マットペールゴールド…約80枚 [小さな手芸屋さん]
D スパンコール／ 5mm花／マットペールゴールド…約30枚 [小さな手芸屋さん]
ラインストーン／ 3mm ／ K861 ／ #1（クリスタル）…15個 [MIYUKI]
25番刺繍糸／ #3782（ベージュ ）[DMC]
糸／シャッペスパン#60 ／ No.365（ベージュ ）[FUJIX]
シルクオーガンジー／ベージュ…36×15cm
カシミヤウールマフラー／ベージュ…33×164cm

※オーガンジーはマフラーの上にのせて目立たない色を選びます
※マフラーは目の詰まった薄すぎないものがよいでしょう
　ニットや目の粗いものには向きません

作り方

1. **図1**とP48を参照し、オーガンジーに図案を写し、
しつけ糸でマフラーに縫いとめる。

2. 刺繍をする。

3. P48を参照してオーガンジーをカットする。

NOTE

▶ 生地がつれないよう、25番刺繍糸部分は糸がアーチ状になる
くらいふんわりと刺しましょう。長さは1.5cmに4目が目安です。
カーブがきついところは細かめに刺します。糸長は60〜70cm
を二つ折りにするとよいでしょう。

▶ 色が塗ってある部分は、刺し
うめる範囲の目安です。葉は
輪郭線も生地に写しておくと
刺しやすいでしょう。

ex.葉　　　　　ex.花

▶ 葉は図の順番で刺すときれい
に刺すことができます。裏に
糸が長く渡るところは小さなス
テッチをします。

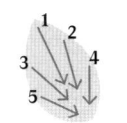

▶ 右図の部分は、バックステッ
チとビーズを続けて刺すと玉
どめや玉結びが減り、きれい
に仕上がります。

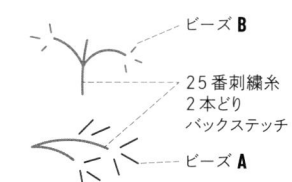

ビーズ **B**

25番刺繍糸
2本どり
バックステッチ

ビーズ **A**

▶ スパンコールは糸が引っか
かりやすいので、できるだけ後
に刺します。

図1・配置例

マフラー

繰り返しパターン

カットする

色が変わる部分を1模様とし、必要数（掲
載作品は3回）繰り返す。端は上図の部分
をカットするとバランスがよい。

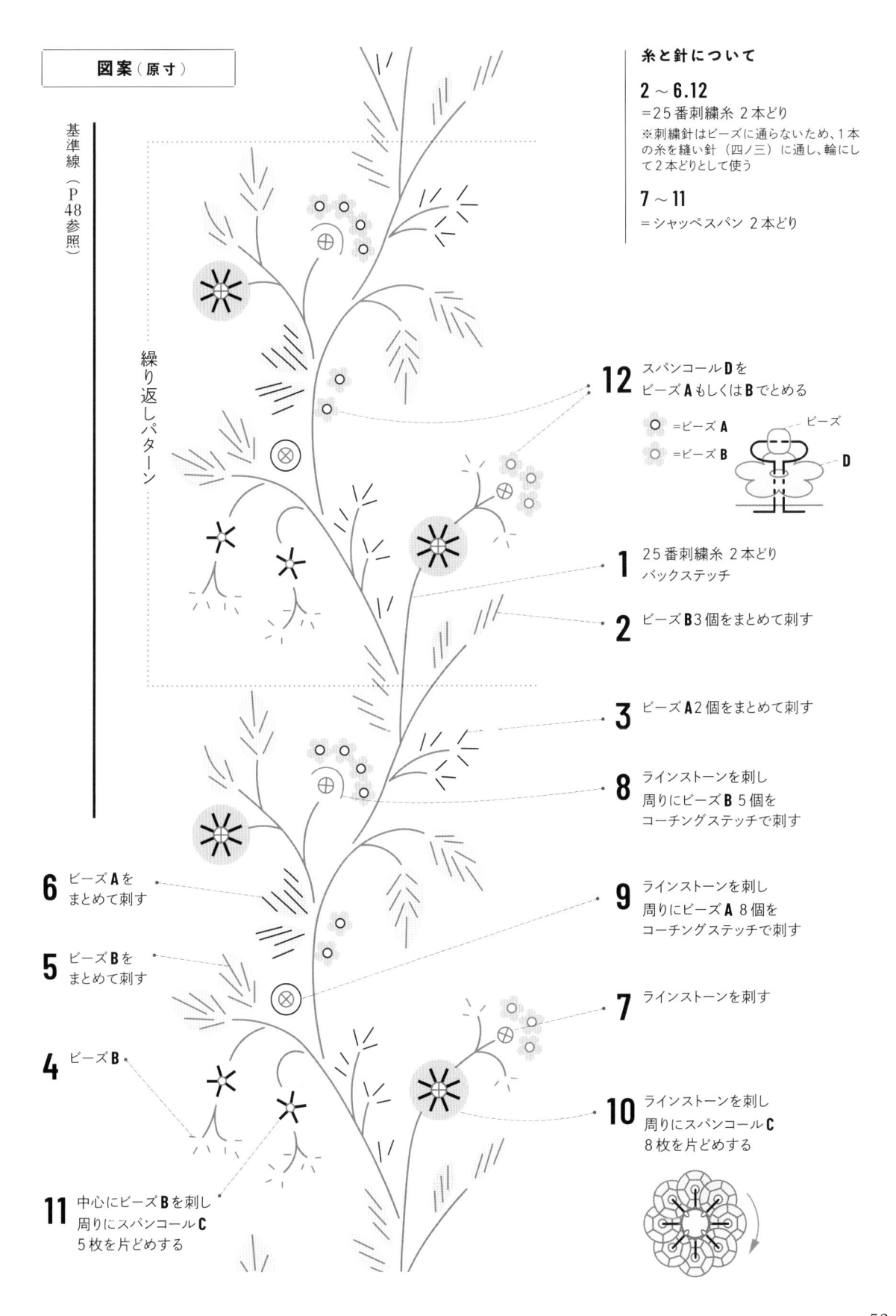

図案（原寸）

基準線（P48参照）

繰り返しパターン

糸と針について

2 ～ 6.12
＝25番刺繍糸 2本どり
※刺繍針はビーズに通らないため、1本の糸を縫い針（四ノ三）に通し、輪にして2本どりとして使う

7 ～ 11
＝シャッペスパン 2本どり

12 スパンコール**D**を
ビーズ**A**もしくは**B**でとめる

◎ ＝ビーズ **A**

◎ ＝ビーズ **B**

ビーズ

D

1 25番刺繍糸 2本どり
バックステッチ

2 ビーズ**B**3個をまとめて刺す

3 ビーズ**A**2個をまとめて刺す

8 ラインストーンを刺し
周りにビーズ**B** 5個を
コーチングステッチで刺す

6 ビーズ**A**を
まとめて刺す

9 ラインストーンを刺し
周りにビーズ**A** 8個を
コーチングステッチで刺す

5 ビーズ**B**を
まとめて刺す

7 ラインストーンを刺す

4 ビーズ **B**

10 ラインストーンを刺し
周りにスパンコール**C**
8枚を片どめする

11 中心にビーズ**B**を刺し
周りにスパンコール**C**
5枚を片どめする

ホワイトツリー　P26

材 料

A 3カットビーズ／ #1051(外銀メッキ)…約90個 [MIYUKI]
B 丸小ビーズ／ #131F(ツヤ消クリスタル)…約60個 [MIYUKI]
C 丸小ビーズ／ #1104(白)…約40個 [MIYUKI]
D 丸小ビーズ／ #1/SH(クリスタル銀引)…約15個 [MIYUKI]
E シャーロットビーズ／ 13/0 ／メタリックシルバー…9個 [小さな手芸屋さん]
F 特小ビーズ／ #402(白ギョク)…約60個 [MIYUKI]
G 竹ビーズ／ 6mm ／ #1(クリスタル銀引)…14個 [MIYUKI]
H 竹ビーズ／ 3mm ／ #1(クリスタル銀引)…約15個 [MIYUKI]
I 竹ビーズ／ 3mm ／ #250(クリスタルAB)…約45個 [MIYUKI]
J スパンコール／ 5mm花／オフホワイト…約35枚 [小さな手芸屋さん]
K スパンコール／ 6mm亀甲／ H638/403(クリスタルAB)…8枚 [MIYUKI]
L スパンコール／ 6mm亀甲／ H456/403(白)…10枚 [MIYUKI]
M スパンコール／ 4mm亀甲／ H456/401(白)…49枚 [MIYUKI]
N スパンコール／ 5mm平／ H638/412(クリスタルAB)…20枚 [MIYUKI]

パール／ 3mm ／ K383(白)…7個 [MIYUKI]
パール／ 2mm ／ K381(白)…23個 [MIYUKI]
ラインストーン／ 3mm ／ K861
／ #1(クリスタル)…3個 [MIYUKI]
糸／ディアマント／ #D168(シルバー) [DMC]
糸／シャッペスパン #60 ／
No.403(生成) [FUJIX]
リネン／ LIBECOリバリストーンウォッシュ／
オイスター… [the linen bird]

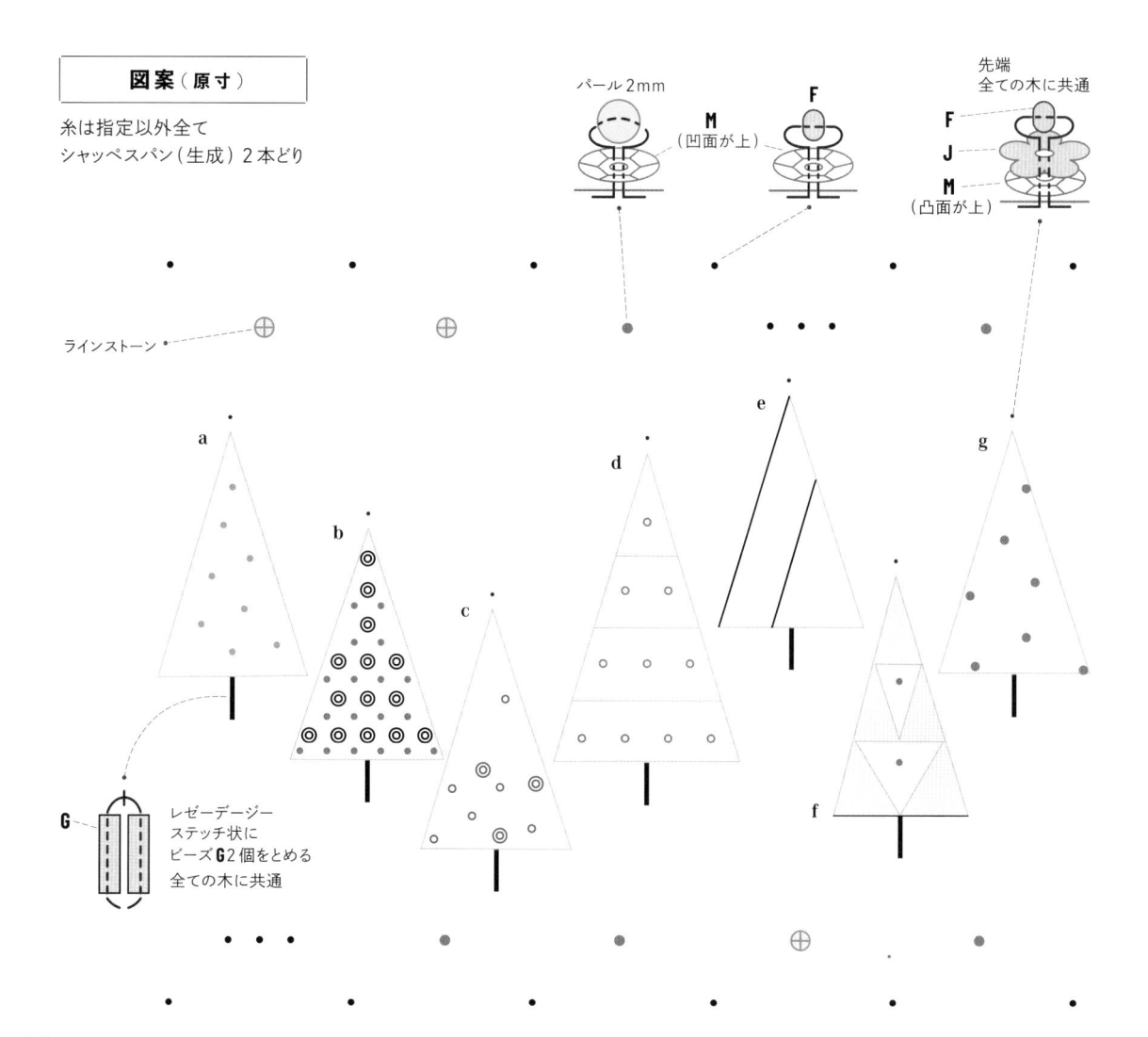

図案（原寸）

糸は指定以外全て
シャッペスパン（生成）2本どり

パール2mm
M
（凹面が上）
F
先端
全ての木に共通
F
J
M
（凸面が上）

ラインストーン

G レゼーデージー
ステッチ状に
ビーズG2個をとめる
全ての木に共通

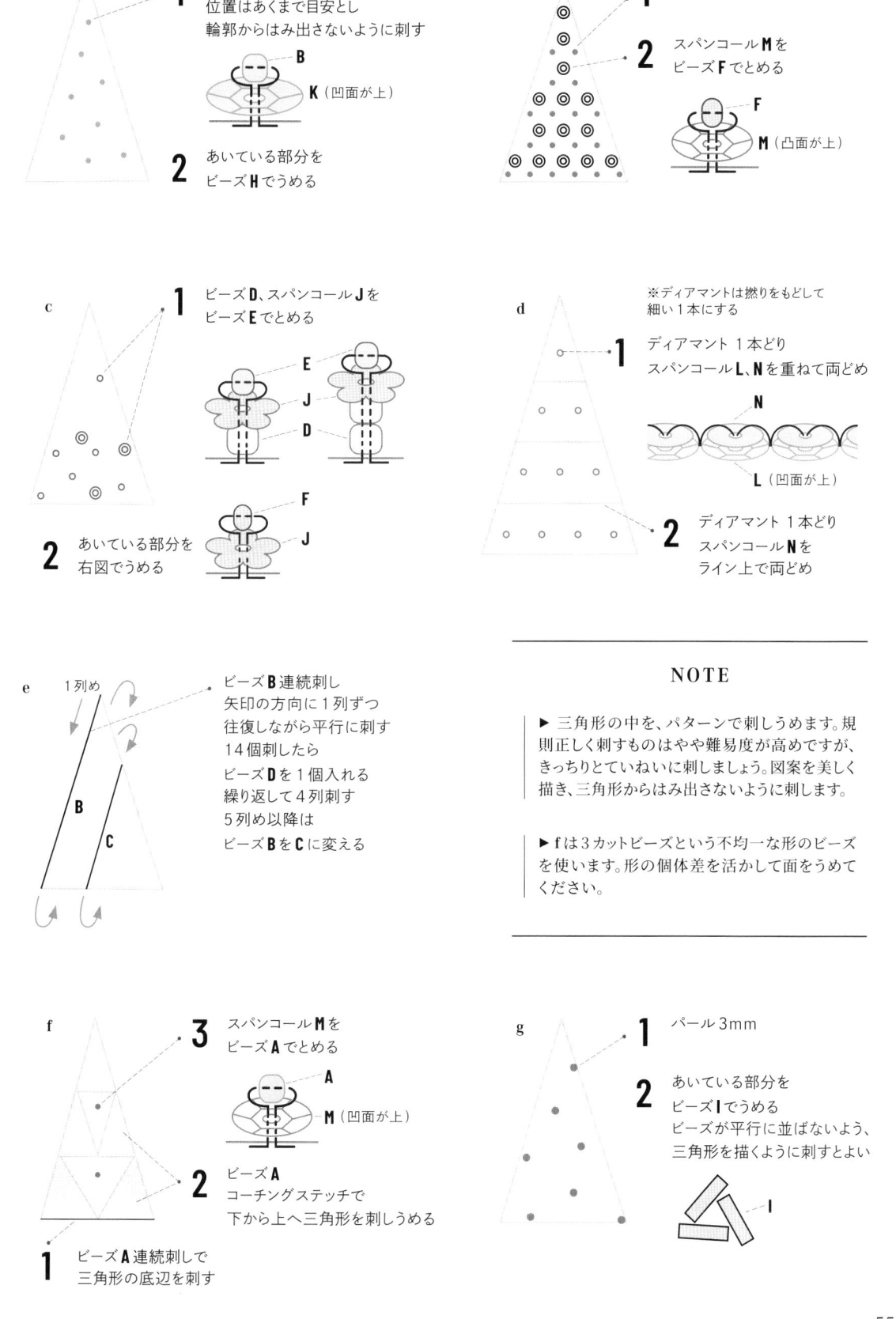

a

1 スパンコール **K** をビーズ **B** でとめる
位置はあくまで目安とし
輪郭からはみ出さないように刺す

B

K（凹面が上）

2 あいている部分を
ビーズ **H** でうめる

b

1 パール 2mm

2 スパンコール **M** を
ビーズ **F** でとめる

F

M（凸面が上）

c

1 ビーズ **D**、スパンコール **J** を
ビーズ **E** でとめる

E
J
D

F
J

2 あいている部分を
右図でうめる

d

※ディアマントは撚りをもどして
細い1本にする

1 ディアマント 1本どり
スパンコール **L**、**N** を重ねて両どめ

N

L（凹面が上）

2 ディアマント 1本どり
スパンコール **N** を
ライン上で両どめ

e

1列め

1 ビーズ **B** 連続刺し
矢印の方向に1列ずつ
往復しながら平行に刺す
14個刺したら
ビーズ **D** を1個入れる
繰り返して4列刺す
5列め以降は
ビーズ **B** を **C** に変える

B

C

NOTE

▶ 三角形の中を、パターンで刺しうめます。規
則正しく刺すものはやや難易度が高めですが、
きっちりとていねいに刺しましょう。図案を美しく
描き、三角形からはみ出さないように刺します。

▶ **f** は3カットビーズという不均一な形のビーズ
を使います。形の個体差を活かして面をうめて
ください。

f

3 スパンコール **M** を
ビーズ **A** でとめる

A

M（凹面が上）

2 ビーズ **A**
コーチングステッチで
下から上へ三角形を刺しうめる

1 ビーズ **A** 連続刺しで
三角形の底辺を刺す

g

1 パール 3mm

2 あいている部分を
ビーズ **I** でうめる
ビーズが平行に並ばないよう、
三角形を描くように刺すとよい

I

55

クレスト P17

材 料

A 3カットビーズ／ #190(ニッケル)…約300個 [MIYUKI]
B 3カットビーズ／ #551(オフ白)…約60個 [MIYUKI]
C デリカビーズ／ DB1811(シルク青)…22個 [MIYUKI]
D 竹ビーズ／ 6mm ／ #190(ニッケル)…約50個 [MIYUKI]
E 竹ビーズ／ 3mm ／ #190(ニッケル)…約50個 [MIYUKI]
F 六角小ビーズ／ #190(ニッケル)…5個 [MIYUKI]

ラインストーン ホワイトパール／ 5mm…1個 [小さな手芸屋さん]
ラインストーン ホワイトパール／ 4mm…3個 [小さな手芸屋さん]
ラインストーン／ 3mm ／ K861 ／ #1(クリスタル)
…10個 [MIYUKI]
25番刺繍糸／ #317(グレー) [DMC]
糸／シャッペスパン#60 ／ No.365(ベージュ) [FUJIX]
リネン／ LIBECOベーシックス／エコダーク [the linen bird]

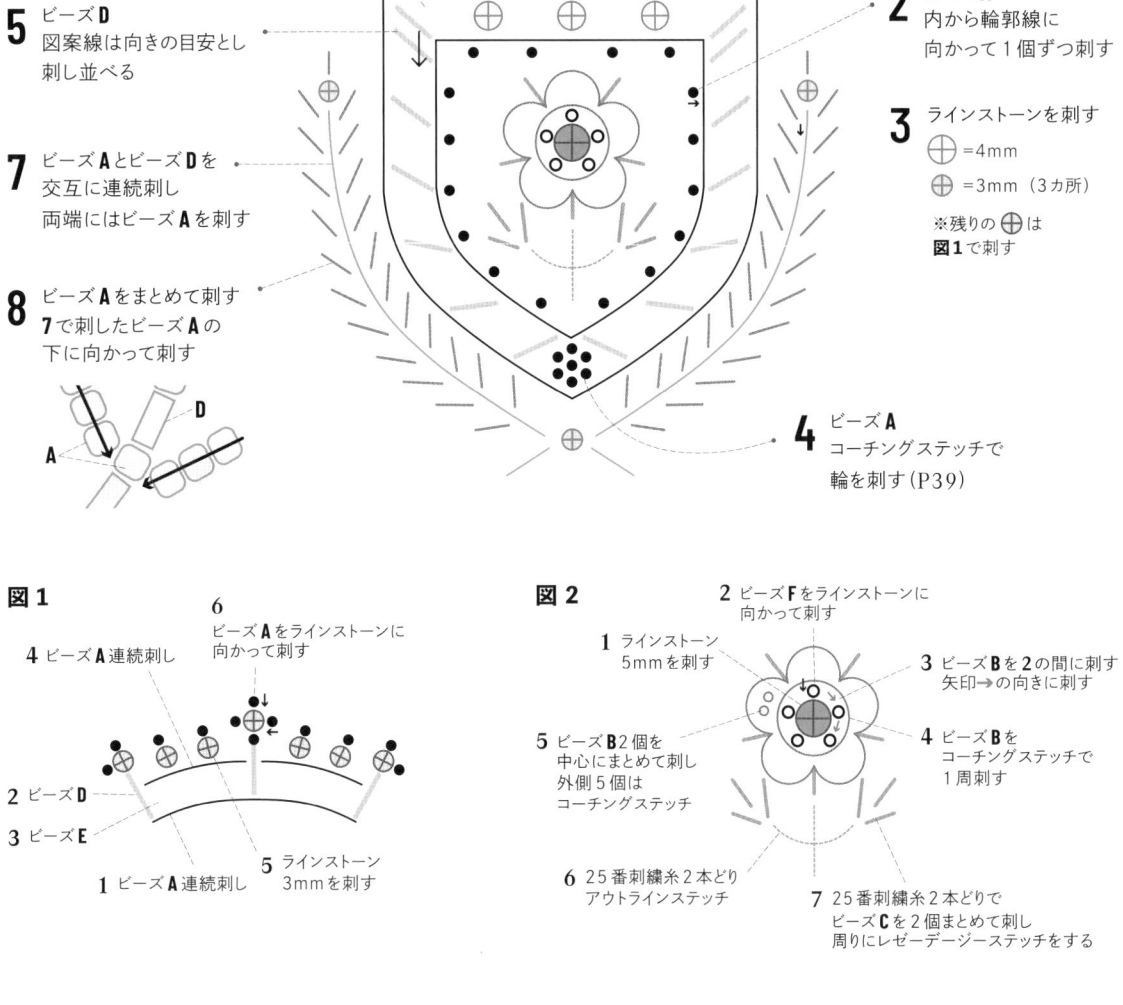

図案(原寸)

※**図案**(原寸)の**1**〜**8**→**図1**→**図2**の順に刺す

糸は全て2本どり
指定以外全てシャッペスパン(ベージュ)

6 ビーズ**A**
ランダムに刺しうめる

5 ビーズ**D**
図案線は向きの目安とし
刺し並べる

7 ビーズ**A**とビーズ**D**を
交互に連続刺し
両端にはビーズ**A**を刺す

8 ビーズ**A**をまとめて刺す
7で刺したビーズ**A**の
下に向かって刺す

1 ビーズ**A**連続刺し

2 ビーズ**A**
内から輪郭線に
向かって1個ずつ刺す

3 ラインストーンを刺す
⊕=4mm
⊕=3mm (3ヵ所)
※残りの⊕は
図1で刺す

4 ビーズ**A**
コーチングステッチで
輪を刺す(P39)

図1

4 ビーズ**A**連続刺し
6 ビーズ**A**をラインストーンに
向かって刺す
2 ビーズ**D**
3 ビーズ**E**
1 ビーズ**A**連続刺し
5 ラインストーン
3mmを刺す

図2

2 ビーズ**F**をラインストーンに
向かって刺す
1 ラインストーン
5mmを刺す
3 ビーズ**B**を**2**の間に刺す
矢印→の向きに刺す
5 ビーズ**B**2個を
中心にまとめて刺し
外側5個は
コーチングステッチ
4 ビーズ**B**を
コーチングステッチで
1周刺す
6 25番刺繍糸2本どり
アウトラインステッチ
7 25番刺繍糸2本どりで
ビーズ**C**を2個まとめて刺し
周りにレゼーデージーステッチをする

パターン**1**　P06　size：縦11×横11×まち3cm

材料

A 3カットビーズ ／ #1297(水色)…48個 [MIYUKI]

B シャーロットビーズ ／ 13/0 ／ ブラック…18個 [小さな手芸屋さん]

C スパンコール ／ 5mm花／オフホワイト…18枚 [小さな手芸屋さん]

D スパンコール ／ 4mm亀甲／オリエンタルブルーサルビア…72枚 [小さな手芸屋さん]

　糸 ／ シャッペスパン#60 ／ No.402(黒) [FUJIX]

　糸 ／ シャッペスパン#60 ／ No.88(水色) [FUJIX]

　リネン ／ LIBECOベーシックス／エコダーク…約23×45cm [the linen bird]

　接着芯 薄手

　裏布…約23×45cm

　グログランリボン ／ 15mm ／ ベージュ…20cm

　ファスナー／ベージュ

　※ファスナーは洋裁用の非金属性の20~30cmのものを使う

作り方

1. 接着芯を貼り、刺繍をする。

2. P58を参照して表布2枚、
裏布2枚を同寸に裁ち、仕立てる。

基準線
ビーズを刺す位置の点だけでなく
基準線も描いておくと刺しやすい
「熱で消えるペン」で
ペンの跡が残らないよう
やさしく描く

でき上がり線
11×11cm

図案（原寸）

糸は全て2本どり
指定以外全てシャッペスパン(水色)

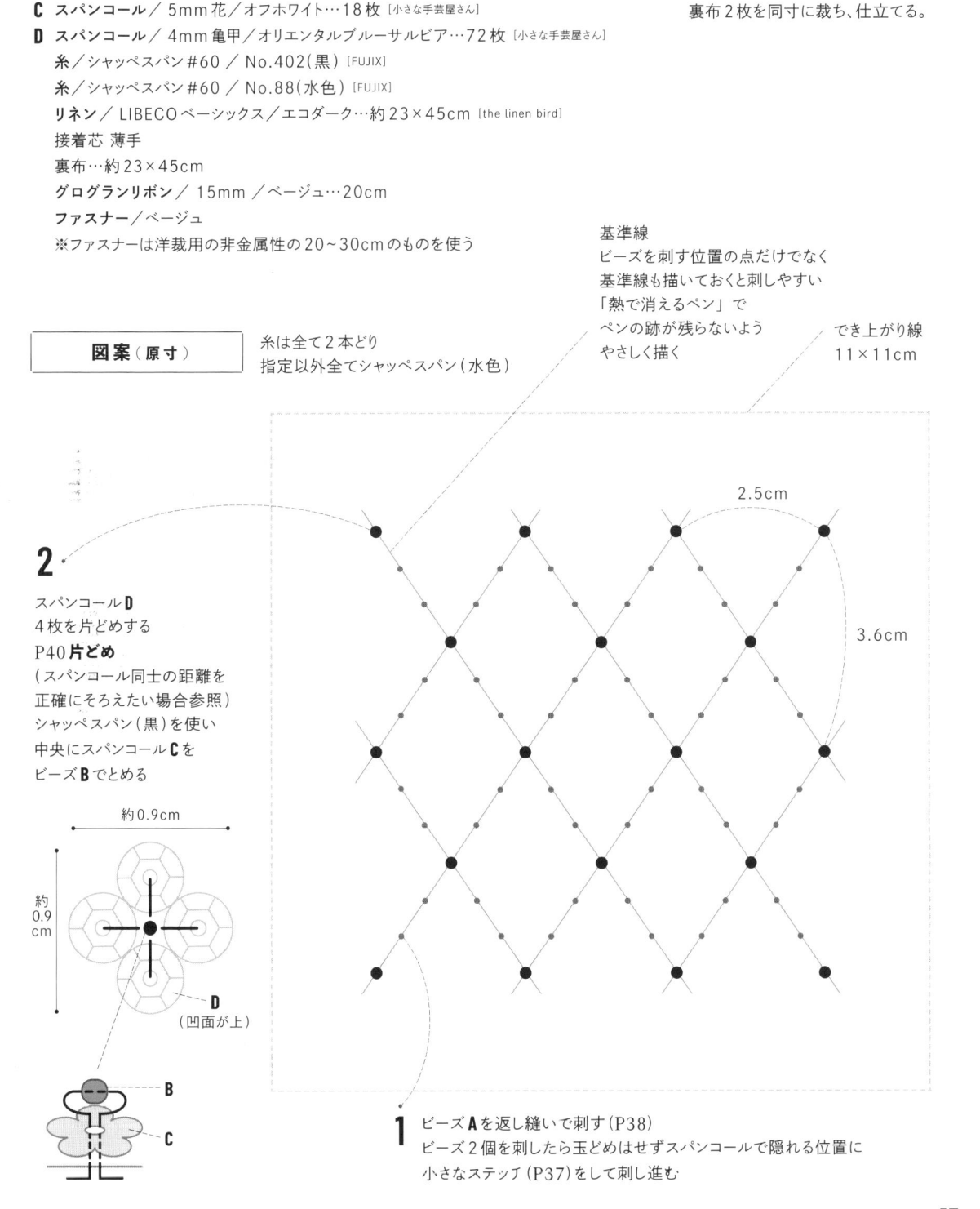

2.5cm

3.6cm

2

スパンコール**D**
4枚を片どめする
P40**片どめ**
（スパンコール同士の距離を
正確にそろえたい場合参照）
シャッペスパン(黒)を使い
中央にスパンコール**C**を
ビーズ**B**でとめる

約0.9cm

約
0.9
cm

D
(凹面が上)

B

C

1 ビーズ**A**を返し縫いで刺す(P38)
ビーズ2個を刺したら玉どめはせずスパンコールで隠れる位置に
小さなステッチ(P37)をして刺し進む

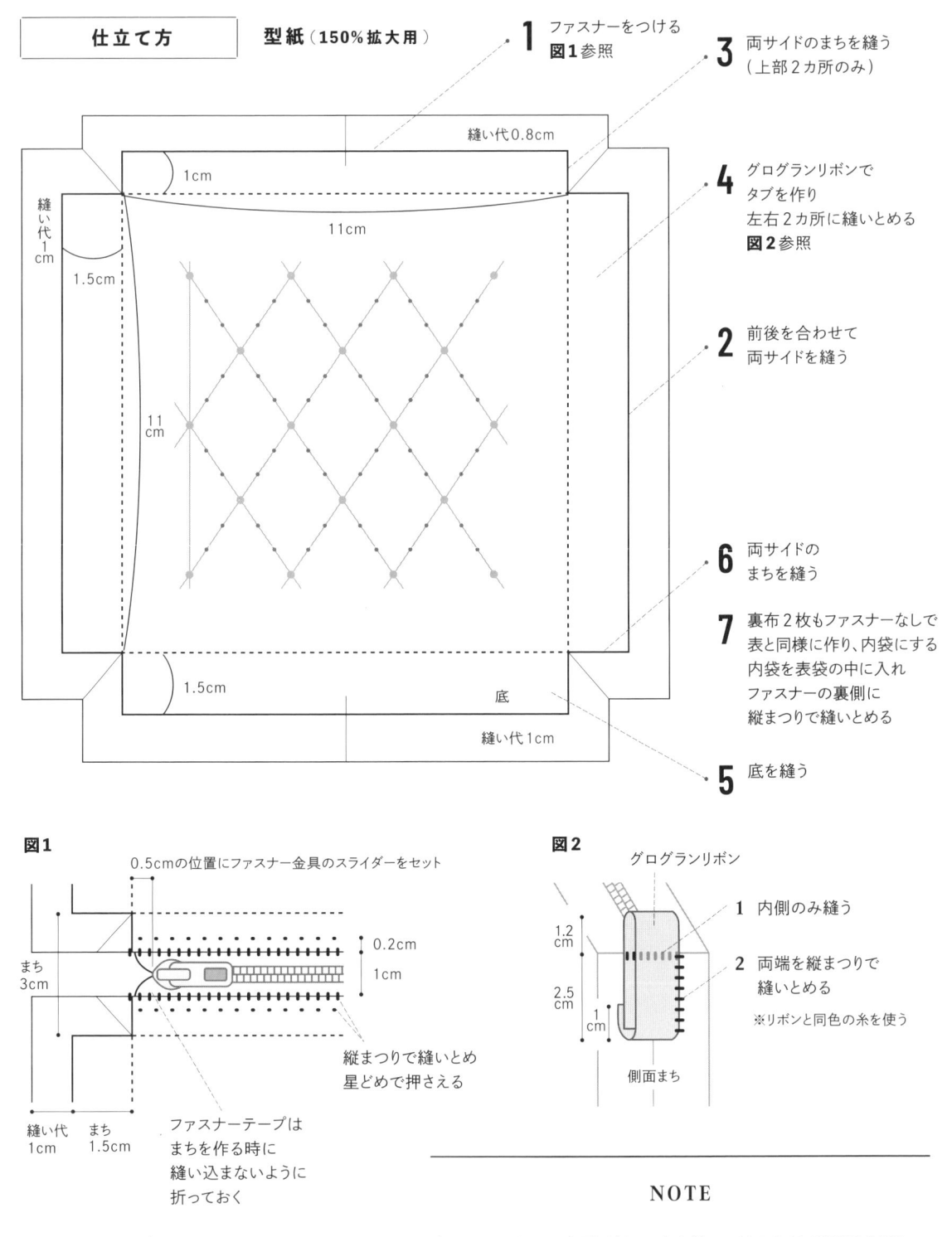

仕立て方　　型紙（150%拡大用）

1 ファスナーをつける **図1**参照

3 両サイドのまちを縫う（上部2カ所のみ）

4 グログランリボンでタブを作り左右2カ所に縫いとめる **図2**参照

2 前後を合わせて両サイドを縫う

6 両サイドのまちを縫う

7 裏布2枚もファスナーなしで表と同様に作り、内袋にする内袋を表袋の中に入れファスナーの裏側に縦まつりで縫いとめる

5 底を縫う

縫い代0.8cm

1cm

11cm

縫い代1cm

1.5cm

11cm

1.5cm

底

縫い代1cm

図1

0.5cmの位置にファスナー金具のスライダーをセット

0.2cm

1cm

まち3cm

縦まつりで縫いとめ星どめで押さえる

縫い代1cm　まち1.5cm

ファスナーテープはまちを作る時に縫い込まないように折っておく

図2

グログランリボン

1 内側のみ縫う

2 両端を縦まつりで縫いとめる

※リボンと同色の糸を使う

1.2cm

2.5cm

1cm

側面まち

NOTE

▶ ファスナーの上耳は折ってから縫いつけますが、下耳は伸ばしたまままちを縫って作り、2cmくらいを残して切ります。

▶ 縫いにくい上部のまちを作ってから下部のまちを作る方法で仕立てています。

パターン2　P09

材料

A　3カットビーズ／ #1297(水色)…約250個 [MIYUKI]
B　六角小ビーズ／ #190F(ツヤ消ニッケル)…75個 [MIYUKI]
C　特小ビーズ／ #401(黒)…25個 [MIYUKI]
D　スパンコール／ 4mm亀甲／ HC104/4501(クリア)…25枚 [MIYUKI]
　　糸／シャッペスパン#60／ No.402(黒) [FUJIX]
　　糸／シャッペスパン#60／ No.391(グレー) [FUJIX]
　　糸／シャッペスパン#60／ No.88(水色) [FUJIX]
　　リネン／ LIBECOリパリストーンウォッシュ／スチールブルー [the linen bird]

図案(原寸)

糸は全て2本どり

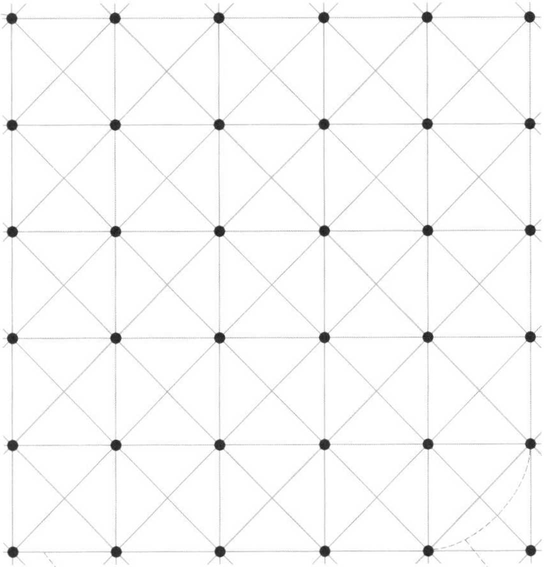

1 シャッペスパン(黒)を使い
スパンコール**D**をビーズ**C**でとめる

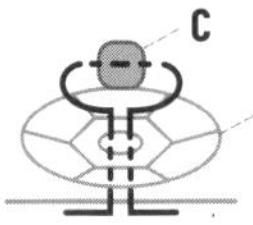

C
D
(凹面が上)

2 シャッペスパン(水色)を使い
1の周りにビーズ**A**10個を
コーチングステッチで輪に刺す

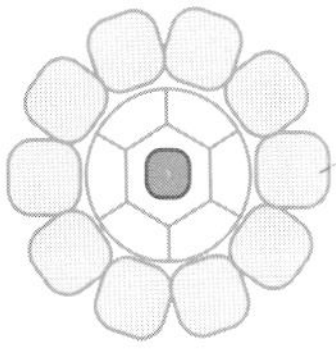

A

3 シャッペスパン(グレー)を使い
ビーズ**B**を矢印の向きに刺す

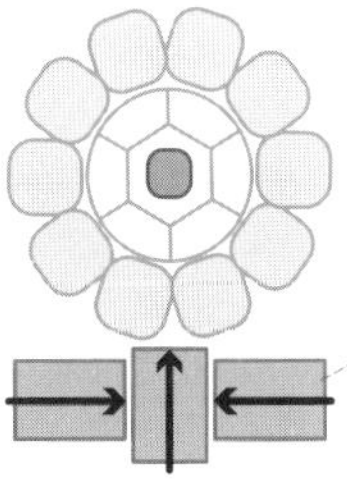

B

基準線
ビーズを刺す位置の点だけでなく
基準線も描いておくと刺しやすい
「熱で消えるペン」で
ペンの跡が残らないよう
やさしく描く

2cm

※図案線は写真より広く掲載しています
必要な部分をカットして使ってください

パターン3 P09

材 料

A デリカビーズ／ DB673(シルクオフ白)…125個 [MIYUKI]
B スパンコール／ 5mm亀甲／ペールホワイト…125枚 [小さな手芸屋さん]
　糸／シャッペスパン#60／ No.403(生成) [FUJIX]
　リネン／ LIBECOベーシックス／エコダーク [the linen bird]

図案(原寸)

糸は全てシャッペスパン2本どり

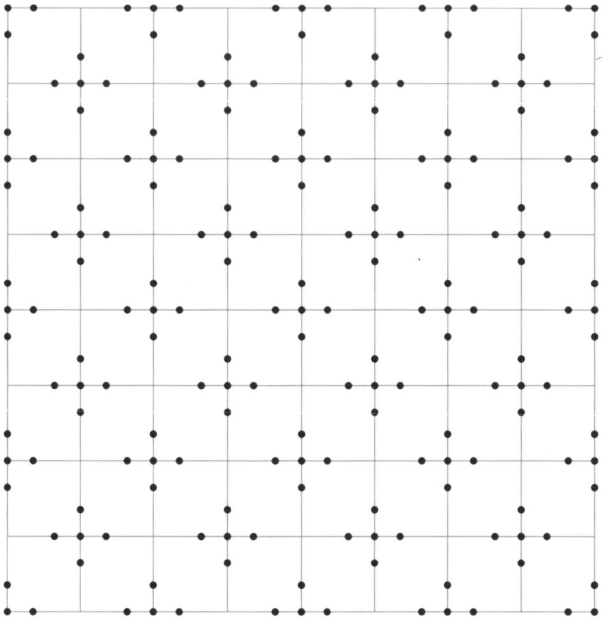

基準線
ビーズを刺す位置の点だけでなく
基準線も描いておくと刺しやすい
「熱で消えるペン」で
ペンの跡が残らないよう
やさしく描く

※図案線は写真より広く掲載しています
必要な部分をカットして使ってください

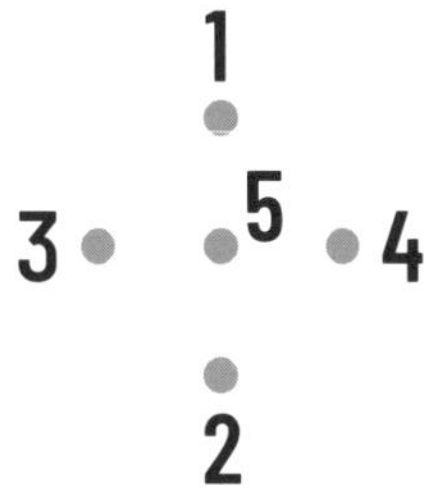

1
●
3 ● ● 5 ● 4
●
2

図案の点の位置に
スパンコール**B**を
ビーズ**A**でとめる

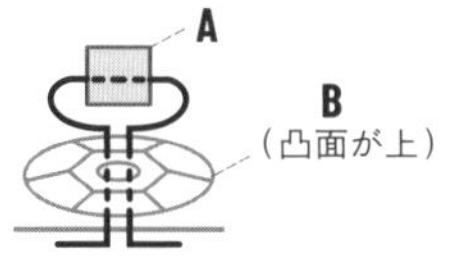

A
B
(凸面が上)

NOTE

▶中央の**5**から上下左右均等に刺
します。**1**～**4**の標は写さなくても
かまいません。

ブルーのフラワーサークル　P10　size：縦15×横13×まち2.5cm

材料

A ３カットビーズ／ 9/0 ／シルクホワイト…約110個 [小さな手芸屋さん]
B ３カットビーズ／ #1051(外銀メッキ)…約20個 [MIYUKI]
C 丸小ビーズ／ 11/0 ／ストライプ(青×白)…約25個 [小さな手芸屋さん]
D デリカビーズ／ DB1811(青)…約50個 [MIYUKI]
E シャーロットビーズ／ 13/0 ／メタリックシルバー…16個 [小さな手芸屋さん]
F スパンコール／ 5mm花／オフホワイト…16枚 [小さな手芸屋さん]
G スパンコール／ 3mm亀甲／シェルホワイト…22枚 [小さな手芸屋さん]
　ラインストーン／ 3mm ／ K861 ／ #1(クリスタル)…2個 [MIYUKI]
　糸／ディアマント／ #D168(シルバー) [DMC]
　糸／シャッペスパン #60 ／ No.267(青) [FUJIX]
　糸／シャッペスパン #60 ／ No.403(生成) [FUJIX]
　リネン／ LIBECOベーシックス／エコダーク…約40×20cm [the linen bird]
　口布…約12×18cm
　裏布…約20×40cm
　ひも…40cm　2本

作り方

1. 各布を寸法通りにカットする。
表布は、刺繍後にカットする。

2. P62を参照し、仕立てる。

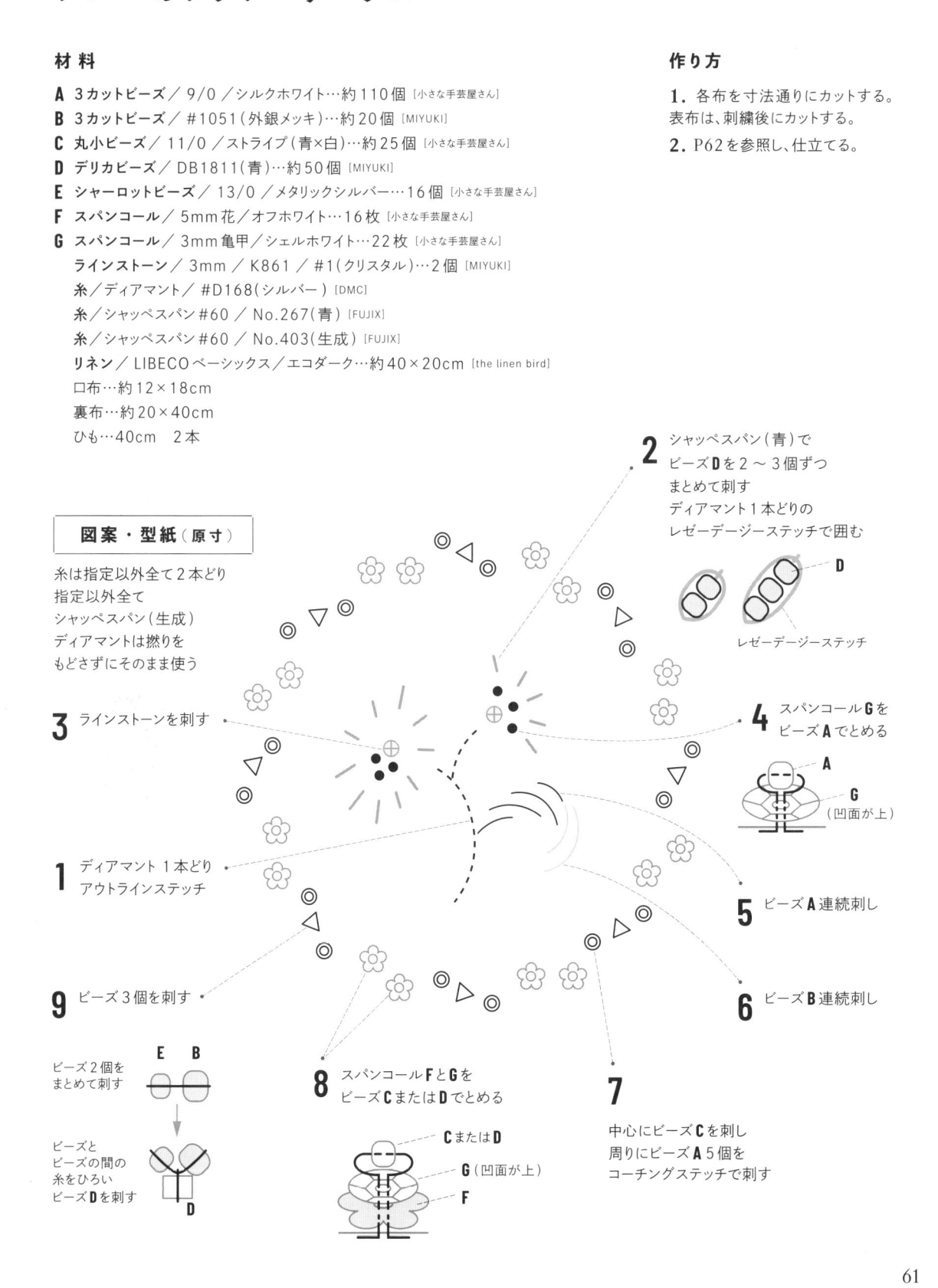

図案・型紙(原寸)

糸は指定以外全て2本どり
指定以外全て
シャッペスパン(生成)
ディアマントは撚りを
もどさずにそのまま使う

2 シャッペスパン(青)で
ビーズ**D**を2〜3個ずつ
まとめて刺す
ディアマント1本どりの
レゼーデージーステッチで囲む

D

レゼーデージーステッチ

3 ラインストーンを刺す

4 スパンコール**G**を
ビーズ**A**でとめる

A

G
(凹面が上)

1 ディアマント1本どり
アウトラインステッチ

5 ビーズ**A**連続刺し

9 ビーズ3個を刺す

6 ビーズ**B**連続刺し

ビーズ2個を
まとめて刺す

E　**B**

ビーズと
ビーズの間の
糸をひろい
ビーズ**D**を刺す

D

8 スパンコール**F**と**G**を
ビーズ**C**または**D**でとめる

Cまたは**D**

G(凹面が上)

F

7 中心にビーズ**C**を刺し
周りにビーズ**A**5個を
コーチングステッチで刺す

61

1 表布1枚、裏布2枚、口布2枚
を寸法通りにカットする
※寸法は全て縫い代を含む

2 口布2枚の指定の位置にアイ
ロンで折り目をつける

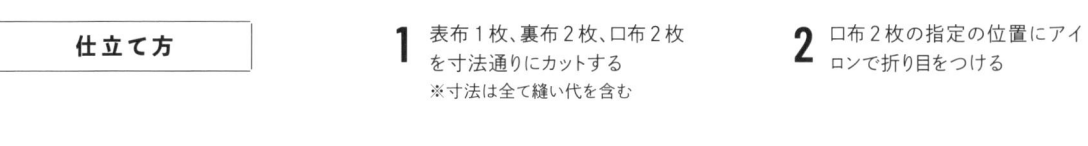

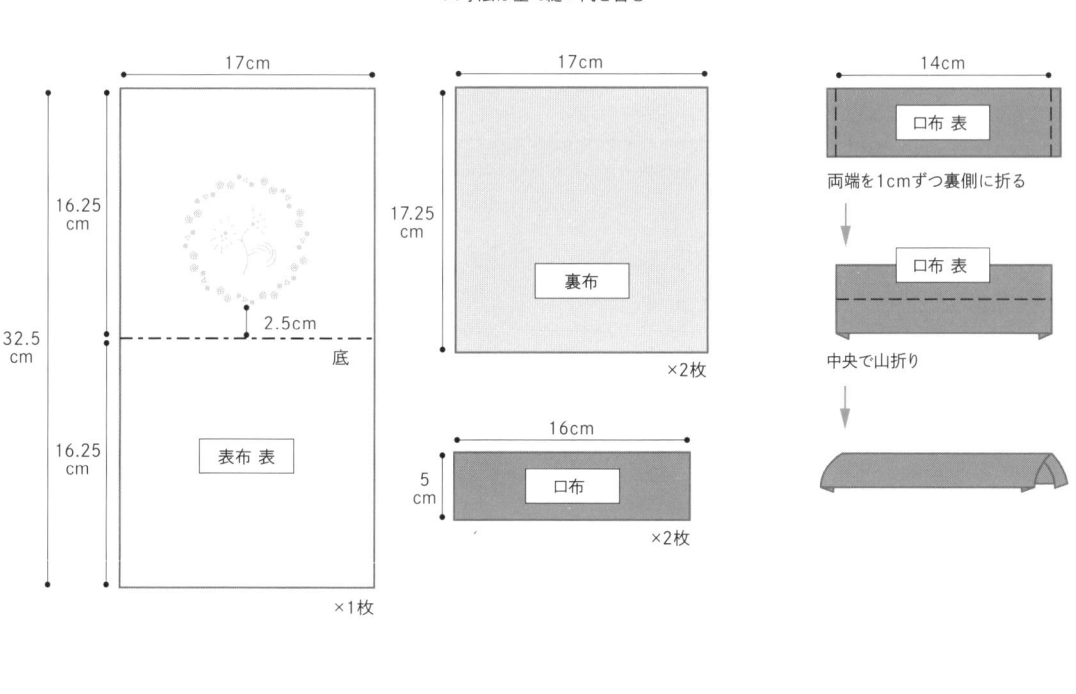

17cm

16.25
cm

32.5
cm

2.5cm

底

16.25
cm

表布 表

×1枚

17cm

17.25
cm

裏布

×2枚

16cm

5
cm

口布

×2枚

14cm

口布 表

両端を1cmずつ裏側に折る

口布 表

中央で山折り

3 表布と裏布を中表に合わせ、**2**
をはさんで縫う。縫い代は全て
1cm

4 全体を中表に二つ折りにし、返
し口を残して縫う。縫い代は全
て1cm

5 表布と裏布の計4カ所のまち
を開き、縫う

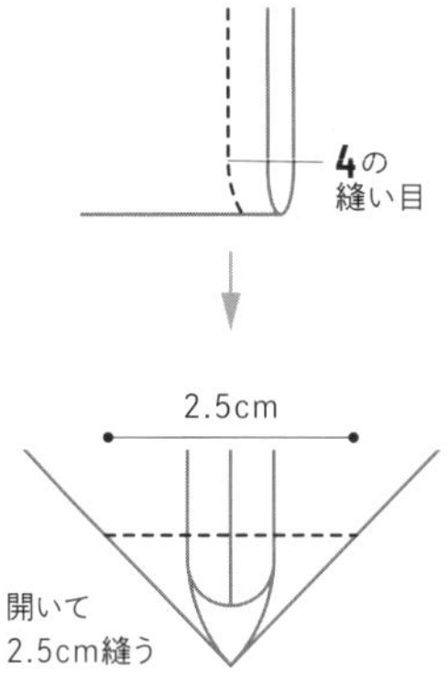

6 返し口から表に返し、返し口
を縫いとじる

7 口布にひもを互い違いに通し、
端を結び、完成

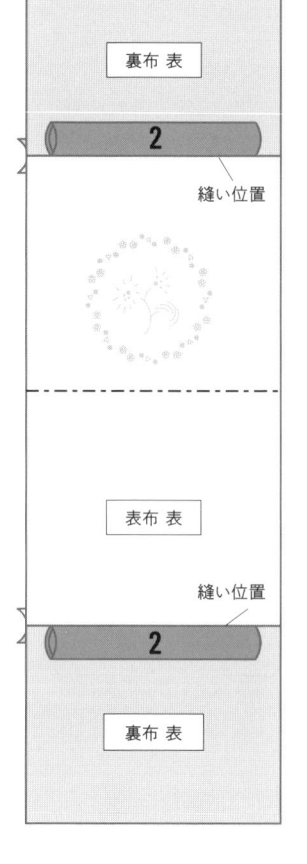

裏布 表

2

縫い位置

表布 表

縫い位置

2

裏布 表

裏布 表

返し口8cm

裏布 裏

表布 裏

4の
縫い目

2.5cm

開いて
2.5cm縫う

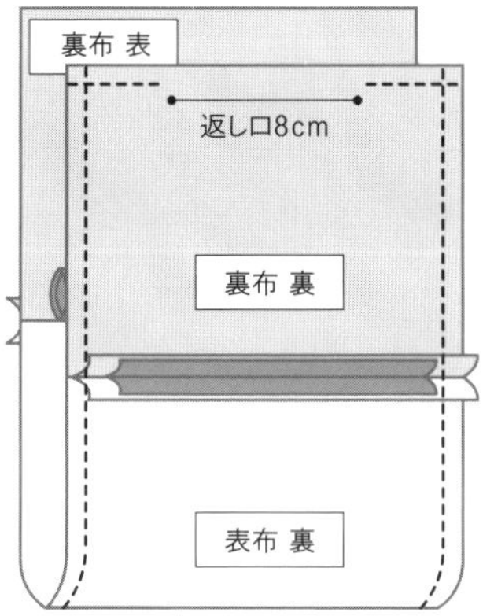

NOTE

▶縫い目に都度アイロンをかけ
ます。刺繍部分に当てないよう
に気をつけます。

ピンクのフラワーサークル　P10　size：縦15×横13×まち2.5cm

材料

A 3カットビーズ／#1051(外銀メッキ)…55個 [MIYUKI]

B 3カットビーズ／#1296(薄ピンク)…30個 [MIYUKI]

C スパンコール／4mm亀甲／パールライトピンク…30枚 [小さな手芸屋さん]

　　ラインストーン／3mm／K861／#1(クリスタル)…6個 [MIYUKI]

　　25番刺繍糸／#543(ベージュ) [DMC]

　　糸／シャッペスパン#60／No.217(薄ピンク) [FUJIX]

　　リネン／LIBECOリパリストーンウォッシュ／グリシン…約40×20cm [the linen bird]

　　口布…約12×18cm

　　裏布…約20×40cm

　　ひも…40cm　2本

作り方

1. 各布を寸法通りにカットする。表布は、刺繍後にカットする。

2. P62を参照し、仕立てる。

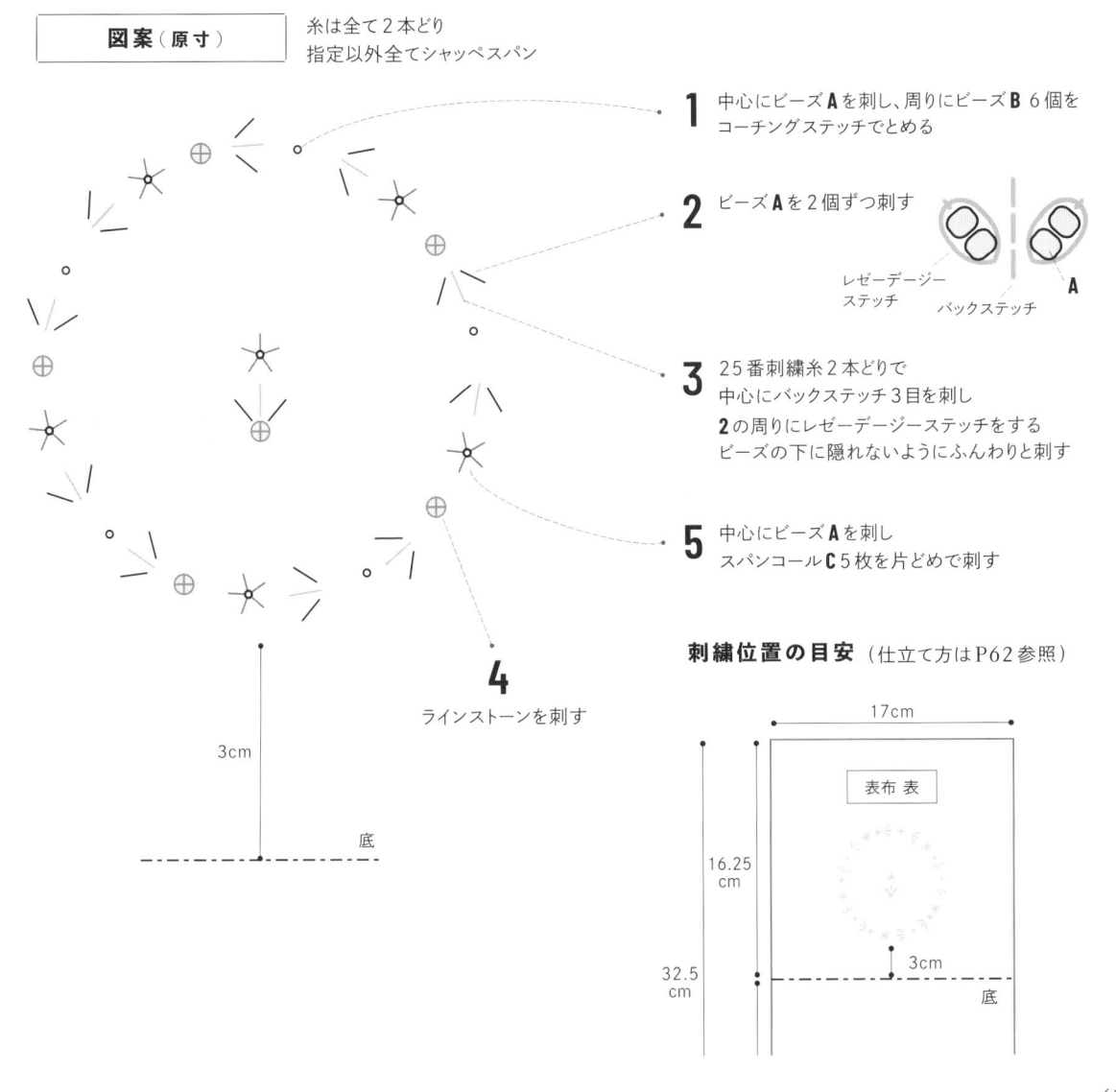

図案(原寸)　糸は全て2本どり
指定以外全てシャッペスパン

1 中心にビーズ**A**を刺し、周りにビーズ**B**6個をコーチングステッチでとめる

2 ビーズ**A**を2個ずつ刺す

レゼーデージーステッチ　　バックステッチ　　**A**

3 25番刺繍糸2本どりで
中心にバックステッチ3目を刺し
2の周りにレゼーデージーステッチをする
ビーズの下に隠れないようにふんわりと刺す

5 中心にビーズ**A**を刺し
スパンコール**C**5枚を片どめで刺す

4 ラインストーンを刺す

3cm

底

刺繍位置の目安（仕立て方はP62参照）

17cm

表布 表

16.25 cm

32.5 cm

3cm

底

ベリー   P12   size：直径 4cm

材 料

A 六角小ビーズ／ #190(ニッケル)…約30個 [MIYUKI]
B デリカビーズ／ DB38(パラジューム)…約30個 [MIYUKI]
C 3カットビーズ／ #645(赤)…約30個 [MIYUKI]
D 3カットビーズ／ #1298(ラズベリー)…約35個 [MIYUKI]
E スパンコール／ 4mm亀甲／ H456/401(白)…12枚 [MIYUKI]
　 25番刺繍糸／ #3836(ピンク) [DMC]
　 糸／シャッペスパン#60／ No.223(茶) [FUJIX]
　 糸／シャッペスパン#60／ No.243(薄紫) [FUJIX]
　 糸／シャッペスパン#60／ No.365(ベージュ) [FUJIX]
　 糸／シャッペスパン#60／ No.403(生成) [FUJIX]
　 リネン／ LIBECOベーシックス／エコダーク [the linen bird]
　 ブローチ金具／シャワー台／ 40mm…1個

道 具

ボンド、目打ち、平ペンチ

作り方

1. 刺繍をする。

2. P46「ブローチの作り方 1」を
参照し、仕立てる。

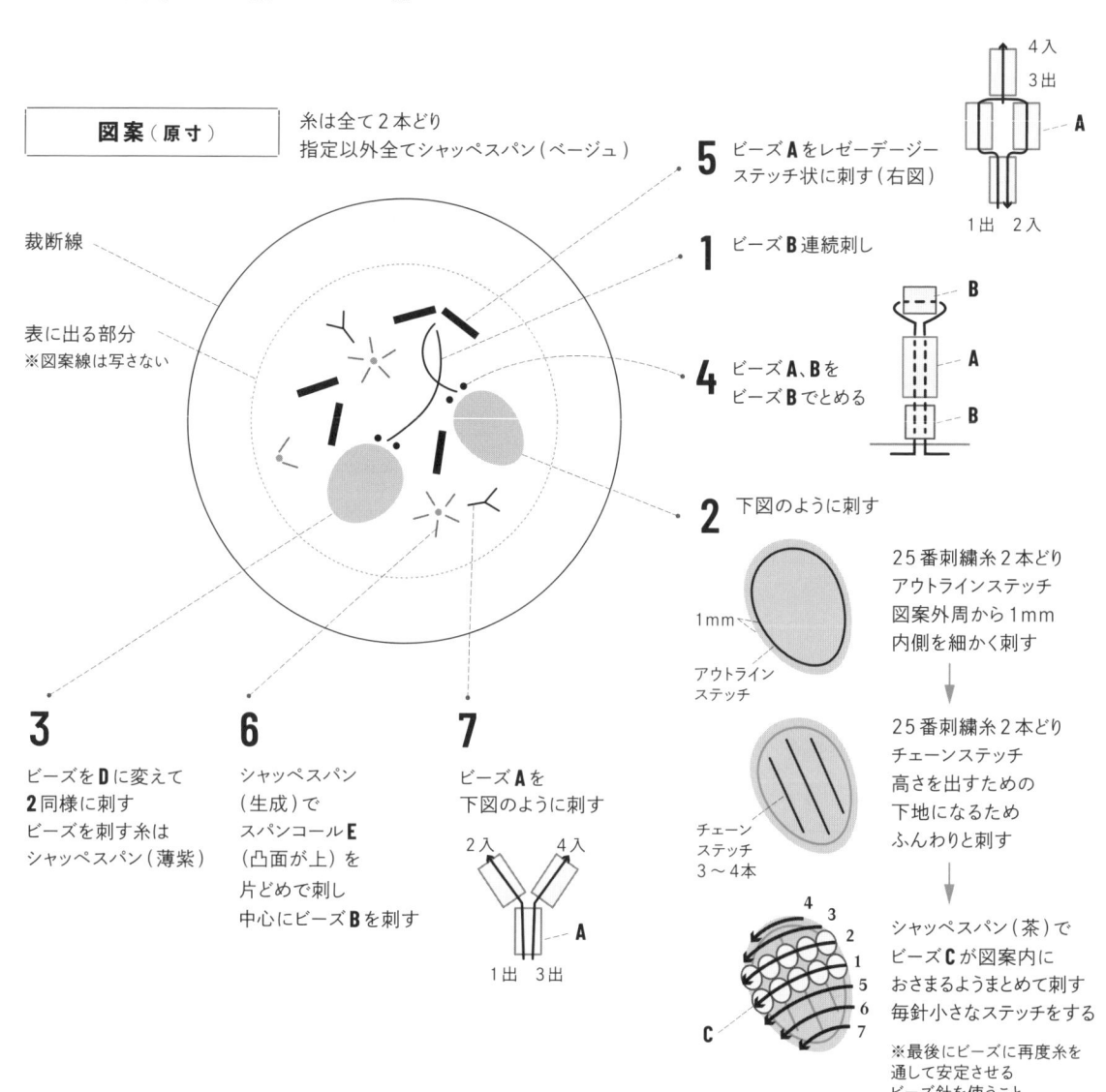

図案（原寸）   糸は全て2本どり
指定以外全てシャッペスパン（ベージュ）

裁断線

表に出る部分
※図案線は写さない

5 ビーズ**A**をレゼーデージー
ステッチ状に刺す(右図)

1 ビーズ**B**連続刺し

4 ビーズ**A**、**B**を
ビーズ**B**でとめる

4入
3出
A
1出　2入

B
A
B

2 下図のように刺す

1mm
アウトライン
ステッチ

25番刺繍糸2本どり
アウトラインステッチ
図案外周から1mm
内側を細かく刺す

チェーン
ステッチ
3〜4本

25番刺繍糸2本どり
チェーンステッチ
高さを出すための
下地になるため
ふんわりと刺す

3
ビーズを**D**に変えて
2同様に刺す
ビーズを刺す糸は
シャッペスパン(薄紫)

6
シャッペスパン
(生成)で
スパンコール**E**
(凸面が上)を
片どめで刺し
中心にビーズ**B**を刺す

7
ビーズ**A**を
下図のように刺す

2入　　4入
A
1出　3出

4 3
2
1
5
6
7
C

シャッペスパン(茶)で
ビーズ**C**が図案内に
おさまるようまとめて刺す
毎針小さなステッチをする

※最後にビーズに再度糸を
通して安定させる
ビーズ針を使うこと

チェリー　P12　size：直径 3cm

材料

A 3カットビーズ／#642(オレンジ)…約30個 [MIYUKI]
B 六角ビーズ／15/0／#1(クリスタル銀引)…約30個 [MIYUKI]
C シャーロットビーズ／13/0／メタリックシルバー…約50個 [小さな手芸屋さん]
D スパンコール／5mm亀甲／H459/402(ピンクオーロラ)…10枚 [MIYUKI]
　糸／シャッペスパン#60／No.365(ベージュ) [FUJIX]
　糸／シャッペスパン#60／No.370(薄茶) [FUJIX]
　リネン／LIBECOベーシックス／エコダーク [the linen bird]
　ブローチ金具／シャワー台／30mm…1個

道具

ボンド、目打ち、平ペンチ

作り方

1. 刺繍をする。
2. P46「ブローチの作り方 1」を参照し、仕立てる。

図案（原寸）　　糸は全て2本どり
　　　　　　　　　　指定以外全てシャッペスパン（ベージュ）

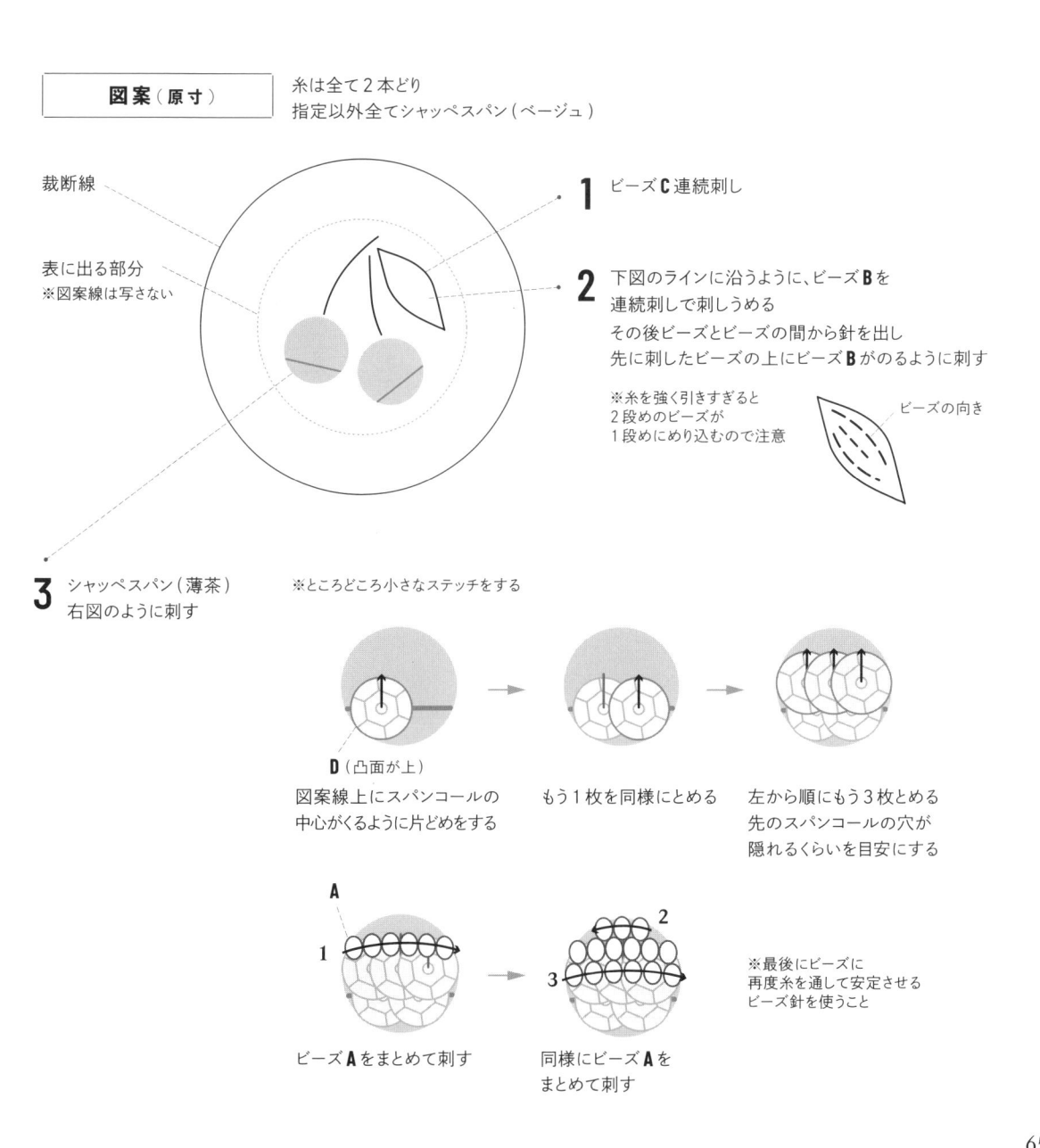

裁断線

表に出る部分
※図案線は写さない

1 ビーズ**C**連続刺し

2 下図のラインに沿うように、ビーズ**B**を
連続刺しで刺しうめる
その後ビーズとビーズの間から針を出し
先に刺したビーズの上にビーズ**B**がのるように刺す

※糸を強く引きすぎると
2段めのビーズが
1段めにめり込むので注意

ビーズの向き

3 シャッペスパン(薄茶)
右図のように刺す

※ところどころ小さなステッチをする

D(凸面が上)
図案線上にスパンコールの
中心がくるように片どめをする

もう1枚を同様にとめる

左から順にもう3枚とめる
先のスパンコールの穴が
隠れるくらいを目安にする

A

1　ビーズ**A**をまとめて刺す

同様にビーズ**A**を
まとめて刺す

※最後にビーズに
再度糸を通して安定させる
ビーズ針を使うこと

クラウン P13　size：直径 2.5cm

材料

gold

A シャーロットビーズ ／ 13/0 ／メタリックシルバー…9個 [小さな手芸屋さん]

B スパンコール ／ 4mm亀甲／マットペールゴールド…9枚 [小さな手芸屋さん]

ラインストーン ／ 4mm ／ K862 ／ #1（クリスタル）…3個 [MIYUKI]

パール ／ 4mm ／ K385（白）…1個 [MIYUKI]

パール ／ 3mm ／ K383（白）…2個 [MIYUKI]

糸 ／ディアマント ／ D168（シルバー） [DMC]

糸 ／シャッペスパン #60 ／ No.365（ベージュ） [FUJIX]

リネン ／ LIBECOベーシックス／エコダーク [the linen bird]

ブローチ金具 ／シャワー台 ／ 25mm…1個

道具

ボンド、目打ち、平ペンチ、両面テープ

作り方

1. 刺繍をする。

2. P46「ブローチの作り方 1」を参照し、仕立てる。

図案（原寸）	糸は指定以外全てシャッペスパン2本どり ディアマントは撚りをもどさずにそのまま使う

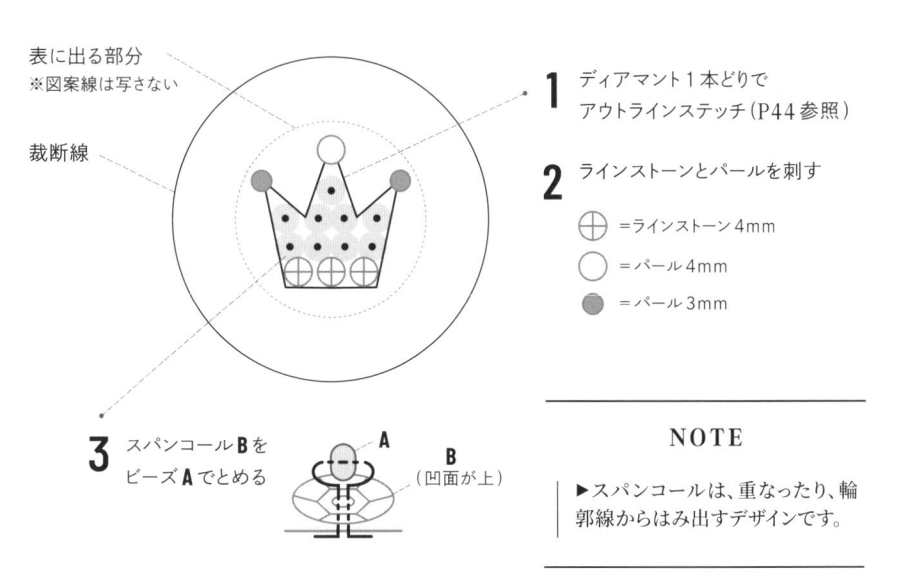

表に出る部分
※図案線は写さない

裁断線

1 ディアマント1本どりで
アウトラインステッチ（P44参照）

2 ラインストーンとパールを刺す

⊕ ＝ラインストーン4mm

◯ ＝パール4mm

⬤ ＝パール3mm

3 スパンコール**B**を
ビーズ**A**でとめる

A

B（凹面が上）

NOTE

▶スパンコールは、重なったり、輪郭線からはみ出すデザインです。

VARIATION

そのほかの作品は材料のビーズ**A**とスパンコール**B**を以下のように変えています
パールやラインストーンは、写真を参考に自由に組み合わせてください

blue | **A** 特小ビーズ ／ #402（白ギョク） [MIYUKI]
| **B** スパンコール ／ 4mm亀甲／オリエンタルパウダーブルー [小さな手芸屋さん]

black | シャーロットビーズ ／ 15/0 ／ブラック [小さな手芸屋さん] ランダムに刺しうめる
| スパンコール ／ 4mm亀甲／セラミックブラック [小さな手芸屋さん] ラインストーン部分

silver | 六角ビーズ ／ 15/0 ／ #1（クリスタル銀引） [MIYUKI] ランダムに刺しうめる

ケシの花　P13　size：直径 2.7cm

材料

silver

A シャーロットビーズ／ 13/0 ／メタリックシルバー…約 150 個 [小さな手芸屋さん]
B スパンコール／ 4mm 平／マットシルバー…約 60 枚 [小さな手芸屋さん]
　パール／ 3mm ／ K383(白)…4 個 [MIYUKI]
　糸／シャッペスパン#60 ／ No.365(ベージュ) [FUJIX]
　リネン／ LIBECO ベーシックス／エコダーク [the linen bird]
　ハードフェルト／ H701(白)…5×5cm [SUNFELT]
　プラスチック板 (クリアファイルなど)…5×5cm
　合成皮革…3×3cm
　ブローチ金具／ K560 ／ 18mm…1 個 [MIYUKI]

道具

ボンド、目打ち、工作用ハサミ

作り方

1. 刺繍をする。
2. P46「ブローチの作り方 2」を参照し、仕立てる。

図案（原寸）

糸は全てシャッペスパン
指定以外全て2本どり

裁断線

表に出る部分
※図案線は写さない

1 ビーズ**A**連続刺し

2 糸1本どりで
スパンコール**B**連続刺し
輪郭に沿って刺し
最後に中心をうめる

3 ビーズ**A**を刺す

4 パールを刺す

型紙（原寸）

フェルト 大	フェルト 小	プラスチック板 大	プラスチック板 小	合成皮革
直径 25mm	直径 18mm	直径 25mm	直径 19.5mm	直径 25mm

※ブローチのサイズに誤差が
出るので、P47 工程 **16** が
終わってからサイズを
確認し、カットする

VARIATION

そのほかの作品は材料のスパンコール**B**を以下のように変えています
パールの有無やフチのビーズのつけ方は、写真を参考に自由に組み合わせてください

pink ｜ スパンコール／ 4mm 平／パールライトピンク [小さな手芸屋さん]

white ｜ スパンコール／ 4mm 平／ H456/411(白) [MIYUKI]

blue ｜ デリカビーズ／ DB1811(シルク青) [MIYUKI] ランダムに刺しうめる

タンポポ P14

材料

A 3カットビーズ ／ #190(ニッケル)…約150個 [MIYUKI]

B デリカビーズ ／ DB673(シルクオフ白)…約180個 [MIYUKI]

C スパンコール ／ 5mm亀甲／アッシュシルバー…約15枚 [小さな手芸屋さん]

糸／ディアマント／D168(シルバー) [DMC]

糸／シャッペスパン#60 ／ No.365(ベージュ) [FUJIX]

リネン／グリーン

図案（原寸）　糸は指定以外全てシャッペスパン2本どり
ディアマントは撚りをもどさずにそのまま使う(P44参照)

1 図1 •

2 ビーズ**A**を2個ずつ
まとめて刺す

A

図案線

3

B — **A**

1 連続刺し
ビーズ**A** 2個
ビーズ**B** 3個
残りはビーズ**A**で刺す

2 1個めはビーズ**A**
残りはビーズ**B**をまとめて刺す

---

8 ビーズ**A**を刺す

9 ビーズ**B**ランダムに
刺しうめる

7 6と同じ位置に針を通し
ビーズ**B**を2個ずつまとめて刺す

1cmに約5回

図1

6 シャッペスパン1本どりで
スパンコール**C**を片どめ
穴が隠れない程度に重ねる

1 ディアマント2本どりで、ストレート
ステッチ(内から外へ刺す)と
フレンチノットステッチ(1回巻き)
を交互に刺し、1周する

2 1の内側にディアマント2本どりで
スミルナステッチを刺す
ループは1cmくらいとし
外側にくるように1周刺す

3 2のループを切ってフリンジにする
マスキングテープでとめるとあとの
作業が楽になる
※長さは5で整える

4 3の上にビーズ**A**連続刺し
フリンジの根元を押さえるように刺す

A

フリンジ

5 フリンジをフレンチノットステッチが
ギリギリ隠れる位置で切りそろえる

NOTE

▶P14では6×15cmの口金にセットし、
約縦13×横16×まち3cmのがま口
に仕立てています。

ミュゲ　P15

材料

A　3カットビーズ／ #402(白ギョク)…18個 [MIYUKI]

B　六角ビーズ／ 15/0 ／ #2235(ベージュ) … 約10個 [MIYUKI]

C　竹ビーズ／極細竹1×4mm ／シルバー…約55個 [小さな手芸屋さん]

D　スパンコール／ 6mm亀甲／ H456/403(白)…9枚 [MIYUKI]

　　25番刺繍糸／ #644(ベージュ) [DMC]

　　糸／ディアマントグランデ／ G168(シルバー) [DMC]

　　糸／ディアマント／ D168(シルバー) [DMC]

　　糸／シャッペスパン#60 ／ No.403(生成) [FUJIX]

　　糸／シャッペスパン#60 ／ No.365(ベージュ) [FUJIX]

　　リネン／ LIBECOベーシックス／エコダーク [the linen bird]

図案(原寸)　　糸は指定以外全て2本どり
　　　　　　　　　指定以外全てシャッペスパン(ベージュ)

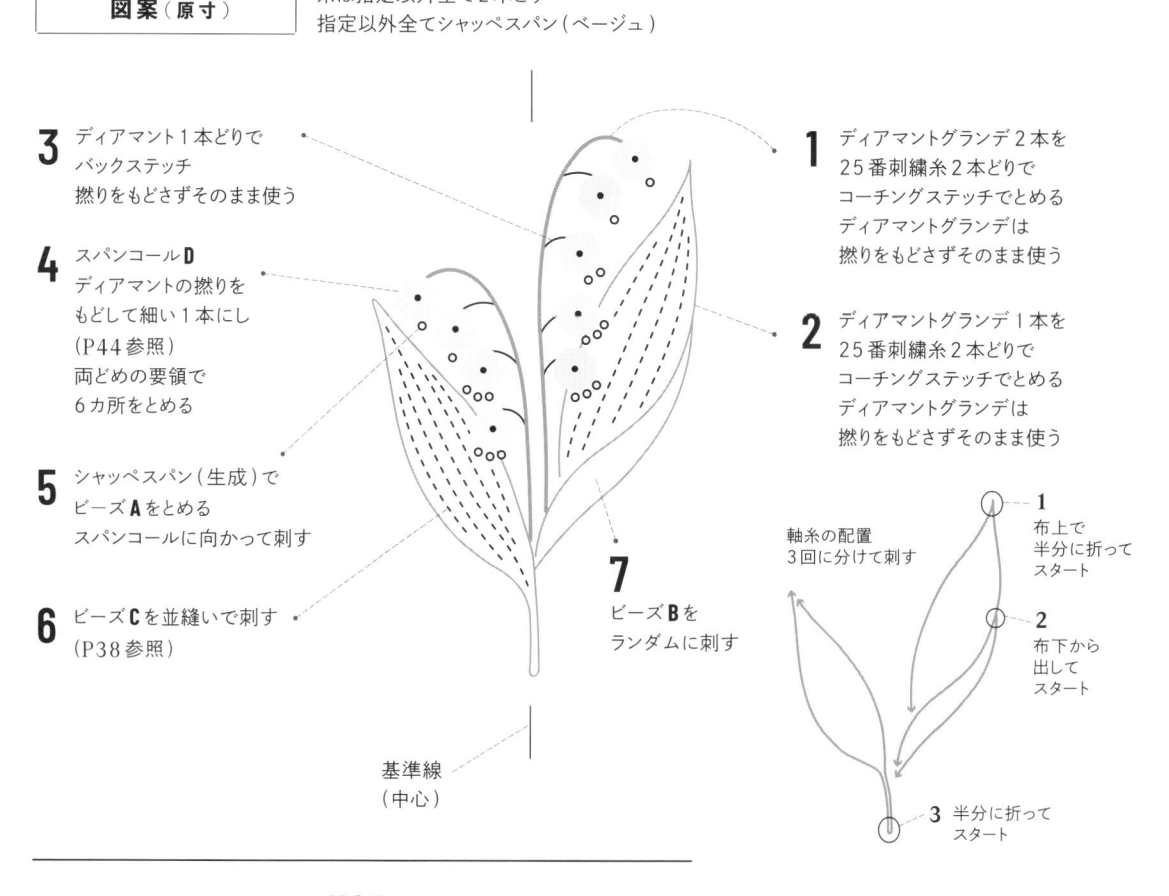

3 ディアマント1本どりで
バックステッチ
撚りをもどさずそのまま使う

4 スパンコール**D**
ディアマントの撚りを
もどして細い1本にし
(P44参照)
両どめの要領で
6カ所をとめる

5 シャッペスパン(生成)で
ビーズ**A**をとめる
スパンコールに向かって刺す

6 ビーズ**C**を並縫いで刺す
(P38参照)

7 ビーズ**B**を
ランダムに刺す

1 ディアマントグランデ2本を
25番刺繍糸2本どりで
コーチングステッチでとめる
ディアマントグランデは
撚りをもどさずそのまま使う

2 ディアマントグランデ1本を
25番刺繍糸2本どりで
コーチングステッチでとめる
ディアマントグランデは
撚りをもどさずそのまま使う

軸糸の配置
3回に分けて刺す

1 布上で
半分に折って
スタート

2 布下から
出して
スタート

3 半分に折って
スタート

基準線
(中心)

NOTE

▶ディアマントの使い方はP44を参照してください。

▶コーチングステッチは糸が撚れないよう整えながらていねいに刺します。

綿毛 P15

材 料

A デリカビーズ／DB635(シルクホワイト)…約15個 [MIYUKI]

B シャーロットビーズ／13/0／メタリックシルバー…約120個 [小さな手芸屋さん]

C スパンコール／5mm亀甲／オリエンタルパウダーブルー…約20枚 [小さな手芸屋さん]

　糸／ディアマント／D168(シルバー) [DMC]

　糸／シャッペスパン#60／No.285(グレー) [FUJIX]

　リネン／LIBECOリバリストーンウォッシュ／クラウド [the linen bird]

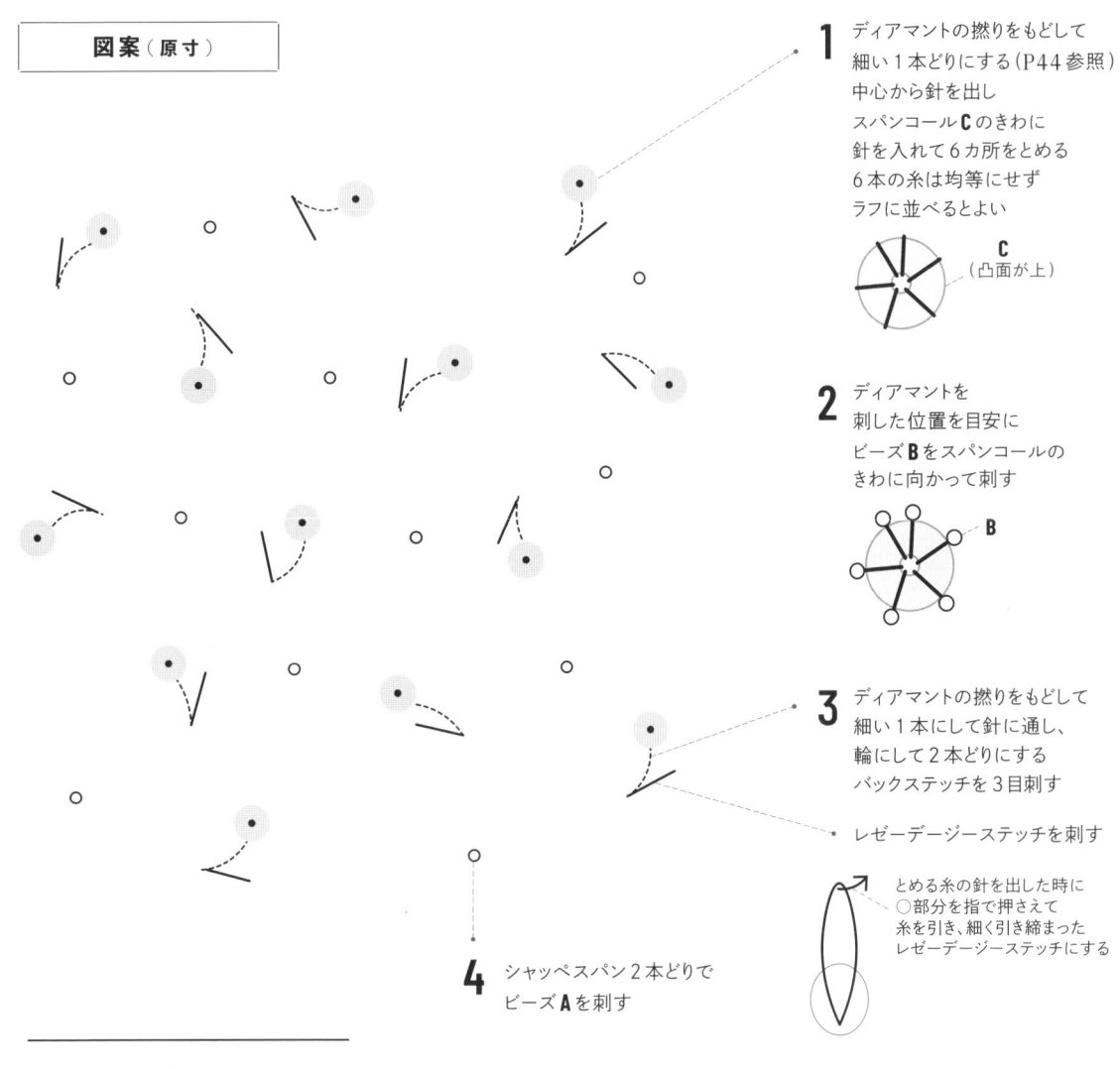

図案(原寸)

1 ディアマントの撚りをもどして
細い1本どりにする(P44参照)
中心から針を出し
スパンコール**C**のきわに
針を入れて6カ所をとめる
6本の糸は均等にせず
ラフに並べるとよい

C
(凸面が上)

2 ディアマントを
刺した位置を目安に
ビーズ**B**をスパンコールの
きわに向かって刺す

B

3 ディアマントの撚りをもどして
細い1本にして針に通し、
輪にして2本どりにする
バックステッチを3目刺す

レゼーデージーステッチを刺す

とめる糸の針を出した時に
○部分を指で押さえて
糸を引き、細く引き締まった
レゼーデージーステッチにする

4 シャッペスパン2本どりで
ビーズ**A**を刺す

NOTE

▶ディアマントの使い方はP44を
参照してください。

ブラックレター "M" P18

材 料

A 3カットビーズ ／ #401(黒)…約370個 [MIYUKI]

B 六角ビーズ ／ 15/0 ／ #1(クリスタル銀引)…約110個 [MIYUKI]

ラインストーン ／ 4mm ／ K862 ／ #15(ジェット)…1個 [MIYUKI]

糸／シャッペスパン#60 ／ No.402(黒) [FUJIX]

糸／シャッペスパン#60 ／ No.365(ベージュ) [FUJIX]

リネン／ LIBECOベーシックス／エコダーク [the linen bird]

図案（原寸）	糸は全て2本どり

指定以外全てシャッペスパン(ベージュ)

刺し順は**図1**参照

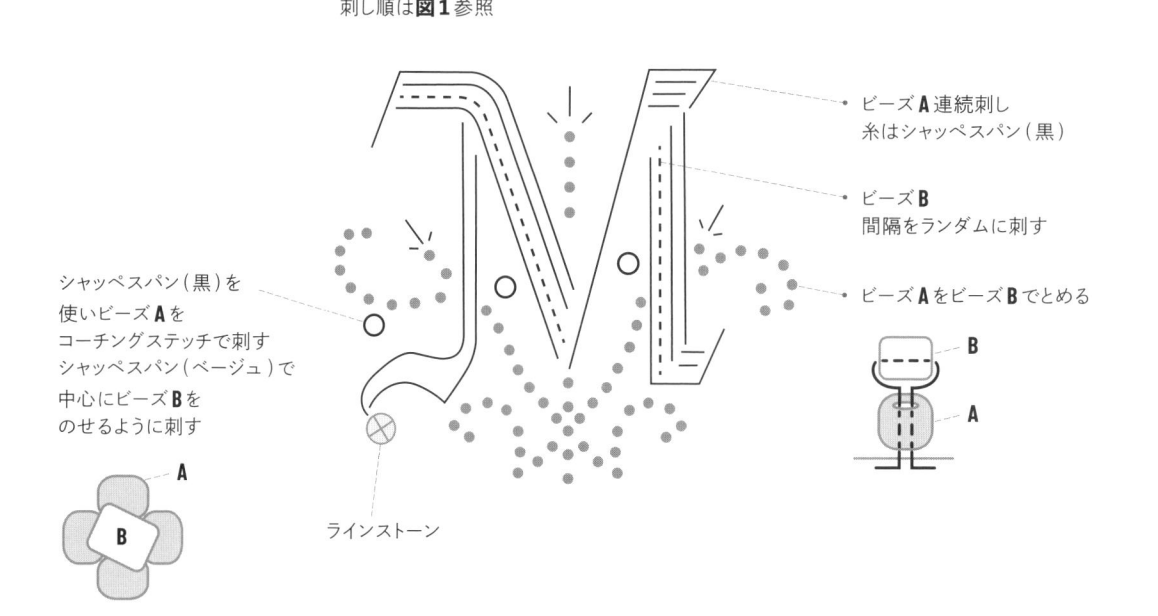

・ ビーズ**A**連続刺し
糸はシャッペスパン(黒)

・ ビーズ**B**
間隔をランダムに刺す

・ ビーズ**A**をビーズ**B**でとめる

シャッペスパン(黒)を
使いビーズ**A**を
コーチングステッチで刺す
シャッペスパン(ベージュ)で
中心にビーズ**B**を
のせるように刺す

ラインストーン

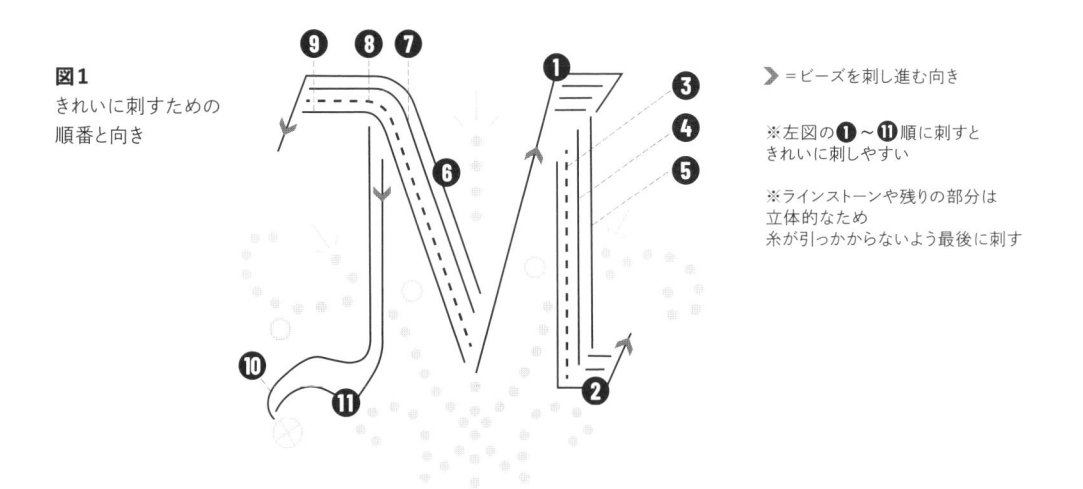

図1
きれいに刺すための
順番と向き

⟩ =ビーズを刺し進む向き

※左図の①〜⑪順に刺すと
きれいに刺しやすい

※ラインストーンや残りの部分は
立体的なため
糸が引っかからないよう最後に刺す

フラワーチェーン "R" P19　size：縦19×横12cm（フリンジを除く）

材料

A デリカビーズ／DB1811(青)…約320個 [MIYUKI]
B 六角小ビーズ／#190(ニッケル)…約70個 [MIYUKI]
C デリカビーズ／DB673(シルクオフ白)…約200個 [MIYUKI]
D スパンコール／5mm花／オフホワイト…25枚 [小さな手芸屋さん]
E スパンコール／4mm亀甲／オリエンタルインディゴ…25枚 [小さな手芸屋さん]
　糸／25番刺繍糸／#334(青) [DMC]
　糸／シャッペスパン#60／No.267(青) [FUJIX]
　リネン／LIBECOリバリストーンウォッシュ／オイスター…約55×20cm [the linen bird]
　裏布…約45×20cm
　ひも…40cm 2本

作り方

1. 刺繍後、完成寸法図を参考に
巾着に仕立てる。

2. 底にフリンジをつける
（**図1**参照）。

図案（原寸）　糸は指定以外全て
シャッペスパン2本どり

3 スパンコール**D**に
くぼみをつけ(P41参照)
スパンコール**D**、**E**を
ビーズ**A**でとめる

A
D
E
（凸面が上）

1 25番刺繍糸2本どり
チェーンステッチ約1cmの間に
3つのチェーン
あとから中心にビーズを刺すため
円を描くようにふんわりと刺す

2 1の中心にビーズ**A**を返し縫いで刺す
（P38参照）

A

約1cm

図1
フリンジ(P45参照)

B
C
A

先端のビーズ**A**3個を残し
残りのビーズ5個に
再度針を通す

4 ビーズ**A**、**B**を刺す

1出　4入
B
A
2入　3出

完成寸法図

12cm
3cm
1cm ひも通し口
19cm
わ
R
1.7cm

カモミール　ピンク　P20　size：縦42×横30cm

材料

A 3カットビーズ／9/0／シルクヴィンテージローズ…92個 [小さな手芸屋さん]

B デリカビーズ／DB673(シルクオフ白)…83個 [MIYUKI]

C 特小ビーズ／#215(生成中染)…70個 [MIYUKI]

D スレンダービューグルビーズ／3mm／SLB2008(緑)…38個 [MIYUKI]

　ファイアポリッシュ／3mm K2050／#1(クリスタル)…8個 [MIYUKI]

25番刺繍糸／#320(緑) [DMC]

糸／シャッペスパン#60／No.217(薄ピンク) [FUJIX]

糸／シャッペスパン#60／No.220(ピンク) [FUJIX]

リネン／LIBECOベーシックス／エコダーク [the linen bird]

図案（原寸）

糸は全て2本どり
指定以外全てシャッペスパン(薄ピンク)

1 25番刺繍糸2本どりでアウトラインステッチ
途中でビーズ**A**とビーズ**D**を刺しながら進む

3 ビーズ**C**を刺す

2 シャッペスパン(ピンク)で
ビーズ**A**1個とビーズ**B**1個を
まとめて外から内へ向けて刺す

4 ファイアポリッシュと
ビーズ**C**を刺す
ビーズ**C**を先に刺し
ファイアポリッシュには
2回針を通す

NOTE

▶25番刺繍糸の2本どりは、1本の糸を針
に通し、輪にして2本どりにします。刺繍針
だとビーズに通らないことがあるので四ノ
三針を使います。

▶クロスの角の部分に刺繍をしています。
縫い代2cmをつけて裁ち、1cmの三つ折
りにしてまつるか、ミシンをかけます。

カモミール　シルバー　P21　size：8.5×9.5cm

材料
ニードルブック

A 六角小ビーズ／#194F(ツヤ消シルバー)…59個 [MIYUKI]
B デリカビーズ／DB673(シルクオフ白)…51個 [MIYUKI]
C シャーロットビーズ／13/0／メタリックシルバー…31個 [小さな手芸屋さん]
D 竹ビーズ／3mm／#190F(ツヤ消ニッケル)…24個 [MIYUKI]
　ファイアポリッシュ／3mm K2050／#1(クリスタル)…6個 [MIYUKI]
　25番刺繍糸／#642(グレー) [DMC]
　糸／シャッペスパン#60／No.365(ベージュ) [FUJIX]
　リネン／LIBECO ベーシックス／エコダーク…
　約50×20cm [the linen bird]

接着芯 薄手
フェルト／ミニー 1mm厚／
#MB(マーブルグレー)…8×15.5cm [SUNFELT]
プラスチック板(クリアファイルなど)…10×30cm
ひも／3mm／グレー…約8cm
ボタン／直径約1cm…1個

作り方
1. 接着芯を貼ってから刺繍をする。
2. 刺繍後に寸法通りにカットし、仕立てる。
※各生地のサイズや仕立て方はP75参照

図案(原寸)　糸は全て2本どり
　　　　　　指定以外全てシャッペスパン

1 25番刺繍糸2本どりでアウトラインステッチ
途中でビーズ**A**とビーズ**D**を
刺しながら進む
針はP73 **NOTE** 参照

3 ビーズ**C**を刺す

2 ビーズ**A**1個とビーズ**B**1個を
まとめて外から内へ向けて刺す

4 ファイアポリッシュと
ビーズ**C**を刺す
ビーズ**C**を先に刺し
ファイアポリッシュには
2回針を通す

山折り線＝でき上がり線

VARIATION

シザーキーパーとピンクッションは、同
寸の表布と裏布をでき上がり線で折
り、手芸用の綿を入れ、外周を軽く巻
きかがりでとじます。布用尺約20×
15cm。

シザーキーパーの外周のビーズのつ
け方はP47 **NOTE**を、ピンクッショ
ンの外周のビーズのつけ方はP47
8～15を参照してください。

シザーキーパー
（原寸）

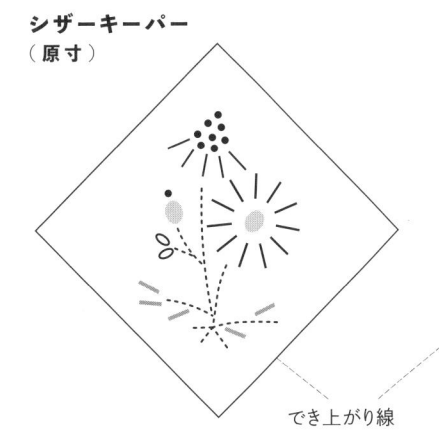

でき上がり線

ピンクッション（原寸）

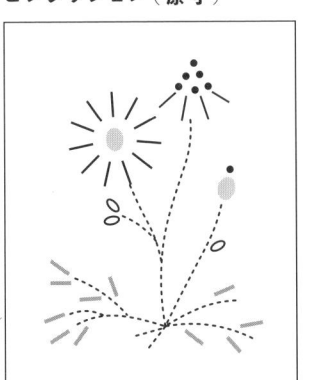

仕立て方

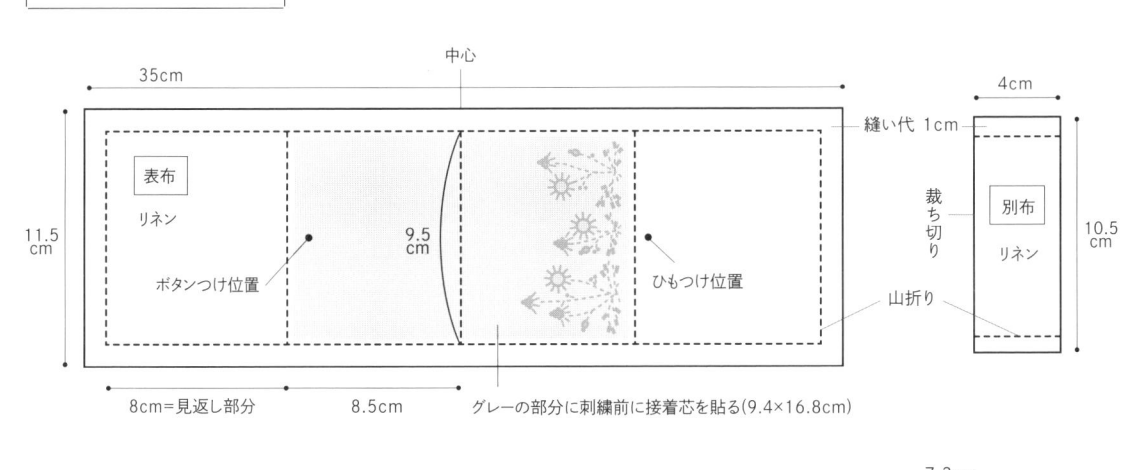

中心

35cm

表布
リネン

ボタンつけ位置

9.5
cm

ひもつけ位置

11.5
cm

8cm＝見返し部分

8.5cm

グレーの部分に刺繍前に接着芯を貼る(9.4×16.8cm)

4cm

縫い代 1cm

裁ち切り

別布
リネン

10.5
cm

山折り

1 表布、別布、フェルト各1枚、プラスチック板2枚を寸法通りにカットする
表布と別布は縫い代1cmで裏側に折り、アイロンで整える

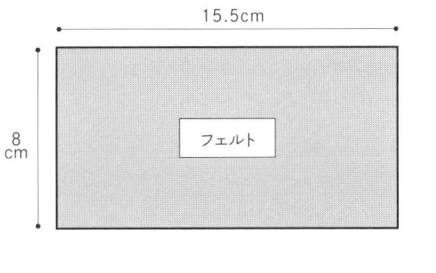

15.5cm

8
cm

フェルト

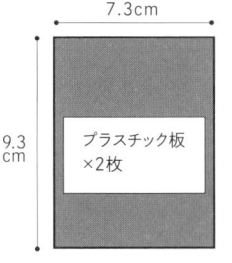

7.3cm

9.3
cm

プラスチック板
×2枚

2 フェルトと別布を重ね、中心を縫う。糸は2本どりにし、針目は3mm程度

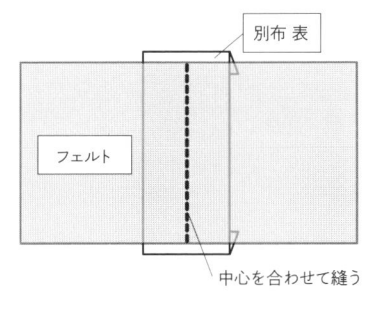

別布 表

フェルト

中心を合わせて縫う

3 表布の裏側に中心を合わせて **2**をのせ、縫いとめる

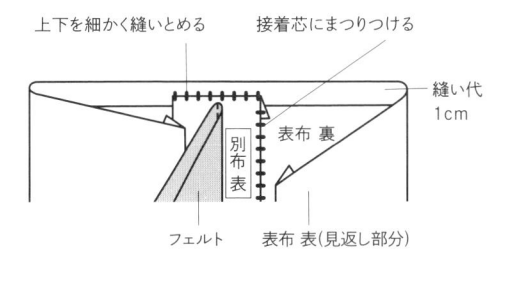

上下を細かく縫いとめる

接着芯にまつりつける

縫い代
1cm

別布
表

表布 裏

フェルト

表布 表(見返し部分)

4 ボタンとひもを縫いとめる

5 見返し部分にプラスチック板を入れ、縫いとめる

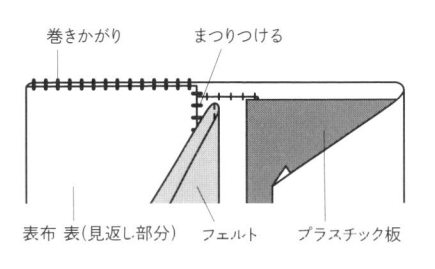

巻きかがり

まつりつける

表布 表(見返し部分)

フェルト

プラスチック板

プレゼントボックス　P23　size：縦4.8×横3.5cm（本体）

材料

A ３カットビーズ／ #1051（外銀メッキ）…約220個 [MIYUKI]
B スパンコール／ 5mm平／ H638/412（クリスタル）……約60枚 [MIYUKI]
　　パール／ 2mm／カルトラ…7個
　　ラインストーン／ 4mm／ K862／ #1（クリスタル）…1個 [MIYUKI]
　　ラインストーン／ 3mm／ K861／ #1（クリスタル）…5個 [MIYUKI]
　　糸／シャッペスパン#60／ No.403（生成）[FUJIX]
　　ハードフェルト／ H701（白）…6×12cm [SUNFELT]
　　コード／シルバー…15cm

道具

ボンド、目打ち、工作用ハサミ

作り方

1. フェルトを**図案・型紙**に従い
同じサイズに2枚カットする。
片方には刺繍用に図案を写す。

2. 刺繍をする。

3. 裏面用のフェルトの内側にコードを
縫いとめ、ボンドで**2.**と貼り合わせる。

図案・型紙（原寸）

糸は指定以外全て
シャッペスパン2本どり

3 スパンコール**B**
を1本どりで
下から上へ連続刺し

4 **3**の間にランダムに
3〜4個ずつ
パールを刺す

2 ビーズ**A**連続刺し
（**図1**参照）

1 ラインストーンを刺す
⊕ ＝4mm
⊕ ＝3mm

フェルト裁断線
（表裏共通）

図1
ビーズ**A**は黒線部分を
先に刺すときれいに
仕上がる

キャンディケーン　P23　size：縦7.4×横3.4cm（本体）

材料

A 丸小ビーズ／ #1104（クリア白）…約210個 [MIYUKI]
B 丸小ビーズ／ #1/SH（シルバー）…約130個 [MIYUKI]
　　糸／シャッペスパン#60／ No.403（生成）[FUJIX]
　　ハードフェルト／ H701（白）…8×8cm [SUNFELT]
　　コード／シルバー…15cm

道具と**作り方**は
「プレゼントボックス」を参照

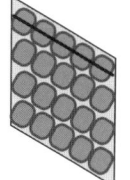

図1
ビーズ**B**のコーチング
ステッチ4列で
図案グレー部分を
刺しうめる
ビーズの数は図案に
合わせて調整する

図案・型紙（原寸）

糸は全てシャッペスパン2本どり

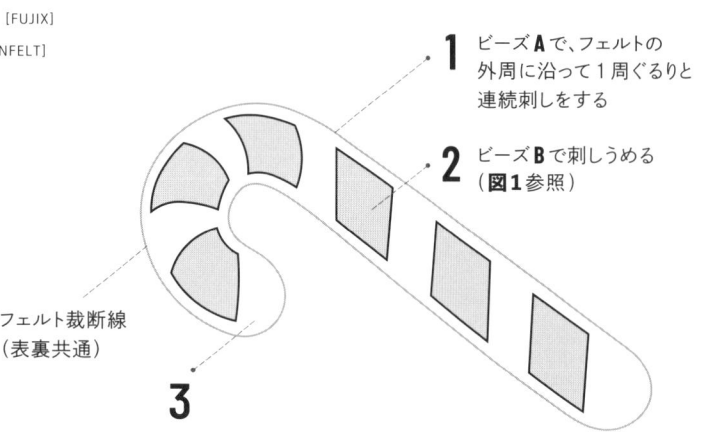

1 ビーズ**A**で、フェルトの
外周に沿って1周ぐるりと
連続刺しをする

2 ビーズ**B**で刺しうめる
（**図1**参照）

フェルト裁断線
（表裏共通）

3 残った部分にビーズ**A**をランダムに刺す
先に刺したビーズが動かないよう、ゆったりと刺す

キャンドル P23 size：縦 7.5 ×横 3cm（本体）

糸は指定以外全て
シャッペスパン 2 本どり

材料

- **A** 丸小ビーズ ／ #131（クリスタル）…約 180 個 [MIYUKI]
- **B** 3 カットビーズ ／ #1051（外銀メッキ）…約 40 個 [MIYUKI]
- **C** 竹ビーズ ／ 3mm ／ #1051（外銀メッキ）…約 25 個 [MIYUKI]
- **D** スパンコール ／ 5mm 亀甲 ／ ペールホワイト
  …約 20 枚 [小さな手芸屋さん]
  パール ／ 4mm ／ カルトラ…4 個
  パール ／ 3mm ／ カルトラ…5 個
  糸 ／ シャッペスパン #60 ／ No.403（生成）[FUJIX]
  ハードフェルト ／ H701（白）…9×8cm [SUNFELT]
  コード ／ シルバー…15cm

道具と**作り方**は
P76「プレゼントボックス」を参照

6 ビーズ **C**
※ラインは角度の目安とし
写真を参考に刺しつめる

7 あいた部分に
ビーズ **B** を
ランダムに刺しつめる

1 ビーズ **A** 連続刺し

2 写真を参考に
パール 2 種を刺す

3 あいた部分に
ビーズ **A** を
ランダムに刺す

フェルト裁断線
（表裏共通）

4 スパンコール **D**
両どめ（凸面が上）
糸は 1 本どり

5 ビーズ **A**
ランダムに刺す

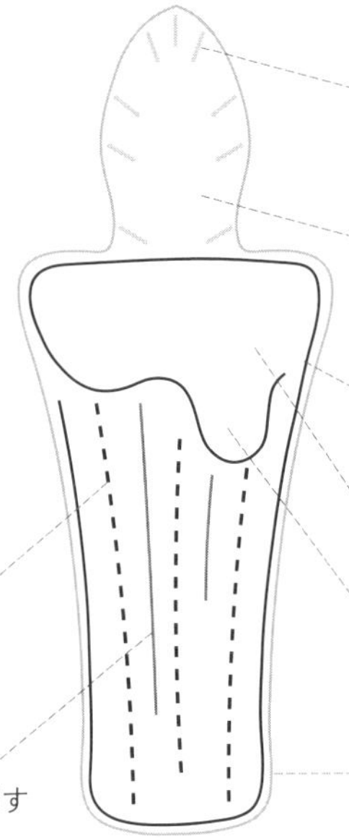

ジンジャーブレッドマン P23 size：縦 6.5 ×横 5.3cm（本体）

糸は全て
シャッペスパン 2 本どり

材料

- **A** 丸小ビーズ ／ #528（セイロン白）…21 個 [MIYUKI]
- **B** 丸小ビーズ ／ #131F（ツヤ消クリスタル）…約 70 個 [MIYUKI]
- **C** 3 カットビーズ ／ #1051（外銀メッキ）…約 15 個 [MIYUKI]
- **D** 竹ビーズ ／ 3mm ／ #402（白ギョク）…約 200 個 [MIYUKI]
  パール ／ 3mm ／ カルトラ…3 個
  パール ／ 2mm ／ カルトラ…約 15 個
  パール ／ 2mm ／ K318（メタリックパール）…約 2 個 [MIYUKI]
  ラインストーン ／ 3mm ／ K861 ／ #1（クリスタル）…3 個 [MIYUKI]
  メタルパーツ ／ 4mm ／ ロジウム…1 個
  糸 ／ シャッペスパン #60 ／ No.403（生成）[FUJIX]
  ハードフェルト ／ H701（白）…7×12cm [SUNFELT]
  コード ／ シルバー…15cm

道具と**作り方**は
P76「プレゼントボックス」を参照

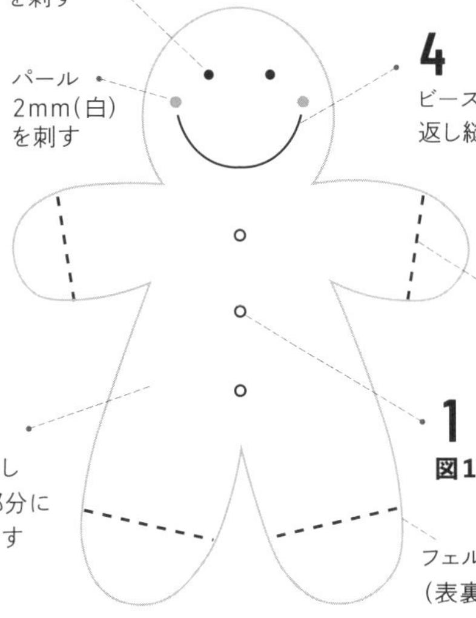

2 パール（メタリックパール）
を刺す

3 パール
2mm（白）
を刺す

4 ビーズ **C** を
返し縫いで刺す

5 図2

1 図1

6 ビーズ **D** を
ランダムに刺し
あいている部分に
ビーズ **B** を刺す

フェルト裁断線
（表裏共通）

図1
1 図案の中心に
パール 2mm（白）を刺す
2 パールを囲むように
ビーズ **A** 6 個を
コーチングステッチ

図2
パール 2mm
メタルパーツ

ビーズ **C**、パール 2mm（白）、3mm、ラインストーン、メタルパーツを
ランダムに並べてラインを描く。メタルパーツは左図のようにとめる

雪の結晶　P22　size：縦5×横4.3cm

材料

A 丸小ビーズ／#528(白)…約130個 [MIYUKI]
B スパンコール／5mm平／H456/412(白)…約50枚 [MIYUKI]
　　パール／3mm／K383(白)…12個 [MIYUKI]
　　糸／シャッペスパン#60／No.403(生成) [FUJIX]
　　ハードフェルト／H701(白)…6×12cm [SUNFELT]
　　ブローチ金具／25mm／K508(シルバー)…1個 [MIYUKI]

道具

ボンド、目打ち、工作用ハサミ

作り方

1. フェルトを図案・型紙に従い同じサイズに2枚カットする。

2. 1枚に刺繍をする。

3. 残った1枚にブローチ金具を縫いとめ、**2.** とボンドで貼り合わせる。
ブローチ金具は中心より上寄りにつける。

図案・型紙(原寸)　糸は指定以外全て2本どり
全てシャッペスパン

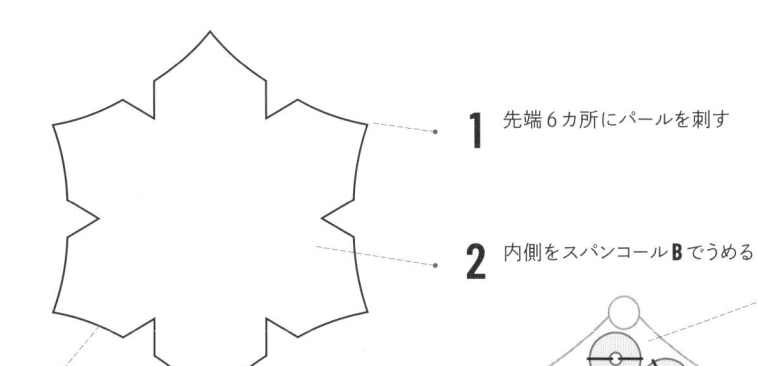

フェルト裁断線
(表裏共通)

1 先端6カ所にパールを刺す

2 内側をスパンコール**B**でうめる

フチから1mmあける

1本どり 両どめ
毎回とめる方向を変える

あとからパールと
ビーズ**A**を刺すので
すき間があっても大丈夫
重ならないように注意

3 ビーズ**A**を2個ずつ刺す

A

輪郭のフェルトに沿って
刺すのではなく
スパンコール**B**の輪郭を
なぞるように刺すことで
ビーズがランダムに並ぶ

4 あいている部分にビーズ**A**2個ずつと、パール6個を刺す
フェルトが見える部分を残すとよい

NOTE

▶すき間からフェルトが見えることを怖がらず、全体的にゆったりと刺します。

材料販売　この本で使用している材料の主な販売店です。詳しくはP31〜33を参照してください。

ビーズとスパンコール

MIYUKI（ミユキ）

日本のビーズメーカー。手芸店やアクセサリーパーツ店で広く取り扱いがあるほか、東京浅草橋には直営店も。オンラインショップでも購入可能。

広島県福山市御幸町上岩成749
☎ 084-972-4747
https://www.miyuki-beads.co.jp

小さな手芸屋さん

オートクチュール刺繍専門のオンラインショップ。フランス製のスパンコールやチェコシードビーズなど、珍しい材料がそろっている。

https://petitemercerie.com
Instagram：@petitemercerie
LINE公式：petitemercerie

糸

FUJIX（フジックス）

縫い糸・刺繍糸メーカー。この本では色数が豊富で丈夫なミシン糸「シャッペスパン」を使用。各地の手芸店やオンラインショップで広く購入可能。

https://www.fjx.co.jp/
京都府京都市北区平野宮本町5番地
Instagram：@fujix_info

DMC（ディー・エム・シー）

フランスの老舗刺繍糸メーカー。この本では定番の25番刺繍糸とラメ刺繍糸「ディアマント」を使用。各地の手芸店やオンラインショップで広く購入可能。

https://www.dmc.com
Instagram：@dmc_jp

生地

the linen bird（リネンバード）

東京・二子玉川と大阪・北浜に店舗を構えるリネン専門店。ベルギーLIBECO社を中心に上質なリネンを取り扱う。オンラインショップでも購入可能。

https://linenbird.com
Instagram：
@thelinenbird_haberdashery（オンラインショップ）
@thelinenbird_futakotamagawa（二子玉川）
@thelinenbird_kitahama（北浜）

SUNFELT（サンフェルト）

色数や種類が豊富なフェルトメーカー。この本ではハードフェルトとミニーを使用。各地の手芸店やオンラインショップで広く購入可能。

http://www.sunfelt.co.jp/
東京都台東区寿2-1-4
Instagram：@sunfelt_official

＊店舗によりお取り扱いのない商品がある場合もございます。
＊商品の種類や名称は、販売店都合により変更となる場合もございます。

PROFILE

藤井 美保 （ふじい みほ）

BLUE chou MIKKO（ブルーシュミッコ）ビーズ刺繍教室主宰。
刺繍作家。
子どものころからの針仕事好きが高じ、
デザインとオートクチュールの仕立てを学ぶ。
婦人服デザイナーやパッチワーク教室講師を経て、
セレクトショップでビーズのブレスレットに出会い、ビーズ刺繍を学び始める。
ハウス模型製作の仕事をきっかけにカルトナージュを始め、
2018年10月に個展「ビーズ刺繍とカルトナージュ」を開催。
現在は自宅教室やヴォーグ学園などのカルチャーセンターで教えている。
精緻な作風が人気。

Instagram@bluechoumikko
HP：bluechoumikko.jp

STAFF

編集　　　　　手塚小百合（gris）
ブックデザイン　串田美恵子（SALCO DESIGN）
撮影　　　　　近藤伍壱（ROBINHOOD）……表紙/P2〜29
　　　　　　　有馬貴子（本社写真編集室）……P30〜
トレース　　　gris
校正　　　　　滄流社
編集担当　　　山地 翠

用具協力
クロバー株式会社
☎06-6978-2277（お客様係）
https://clover.co.jp

撮影協力
AWABEES／UTUWA
https://www.awabees.com/awabees

ビーズとスパンコールの刺繍

著者　　　藤井美保
編集人　　石田由美
発行人　　倉次辰男
発行所　　株式会社主婦と生活社
　　　　　〒104-8357　東京都中央区京橋3-5-7
　　　　　編集部 ☎03-3563-5361　FAX.03-3563-0528
　　　　　販売部 ☎03-3563-5121
　　　　　生産部 ☎03-3563-5125
　　　　　https://www.shufu.co.jp/
製版所　　東京カラーフォト・プロセス株式会社
印刷所　　大日本印刷株式会社
製本所　　株式会社若林製本工場

ISBN978-4-391-15941-7
©Miho Fujii 2023 Printed in Japan